图说武当秘技系列

武当秘传短棍

余省威 著

人民体育出版社

图书在版编目（CIP）数据

武当秘传短棍/余省威著. -- 北京：人民体育出版社，2023

（图说武当秘技系列）

ISBN 978-7-5009-6315-8

Ⅰ.①武… Ⅱ.①余… Ⅲ.①棍术(武术)－基本知识－中国 Ⅳ.①G852.25

中国国家版本馆CIP数据核字(2023)第093015号

＊

人民体育出版社出版发行
三河兴达印务有限公司印刷
新 华 书 店 经 销

＊

880×1230　32开本　8.375印张　206千字
2023年11月第1版　2023年11月第1次印刷
印数：1—3,000册

＊

ISBN 978-7-5009-6315-8
定价：38.00元

社址：北京市东城区体育馆路8号（天坛公园东门）
电话：67151482（发行部）　　邮编：100061
传真：67151483　　　　　　　邮购：67118491
网址：www.psphpress.com
（购买本社图书，如遇有缺损页可与邮购部联系）

丛书绘图组

高　翔　　丁亚丽
高　绅　　李梦瑶

总 序

2017年，中共中央办公厅、国务院办公厅印发了《关于实施中华优秀传统文化传承发展工程的意见》（以下简称《意见》），并发出通知，要求各地区各部门结合实际认真贯彻落实，体现了党和政府对中华优秀传统文化的重视。

在国民教育方面，《意见》提出，加强中华优秀传统文化相关学科建设，重视保护和发展具有重要文化价值和传承意义的"绝学"、冷门学科。在保护传承文化遗产方面，《意见》提出，推动民族传统体育项目的整理研究和保护传承。

中华武术有着数千年的发展历史，是中华民族在社会实践中创造的宝贵财富，是中华文化的重要组成部分。武当武术作为"内家之宗"，在武术爱好者中具有较高的认知度。正是基于此，我们策划了这套"图说武当秘技系列"丛书。

本套丛书种类齐全，既有养生法，又有技击术，还有大力功，精心选取与展现了丰富多彩的武当诸派秘技；注重练法，注重实效，突出"图说"，简明扼要，便于阅读和学习。丛书编写者都是武当武术相关的专家、学者、教授，他们既有自身体验又有教学经验，既有很高的技术水平又有很深的学术造诣。当然，不足之处在所难免，欢迎读者批评指正，以利今后进一步充实与完善。

内容提要

（1）武当短棍，一般认为源起于道人手中的拐棍，后来融合技击攻防，结合刀剑之法，演化成了一种专门的武术器械。短棍作为防身武器，具备选材容易、造价低廉、利于携带、应用方便、外表不凶、随意自然的特点。

（2）内家三丰棍，据传为张三丰"化剑为杖（棍）"而传流下来的一套秘技，所以也叫"三丰杖"。此棍势势相接，坎坎相套；架势严谨，防守严密；善诱巧取，有实有虚；指上打下，声东击西。

（3）天罡伏虎棍，共有三十六势，此棍刚劲有力，高超玄妙；技术完整，动作实用；气势威猛，劲法犀利；舒展大方，连环不断。练至得心应手，自可克敌制胜。

（4）太和短棍十八势，是武当短棍中的一种九把棍，属道家民间秘技。太和九把棍，棍身不长，携带方便；善于近战，实用多变；横竖互用，前拥后护；技法精简，易学易练。

（5）三丰棍，收发灵便，速度快捷，突击性强，"上打头，下扫根，两边截腕，中扎心"。而且招法多变，可放长击远，先发制人；可见缝插针，突击奇袭；可顺势化力，借力打力；可后发先至，闪身一击。

（6）太和棍是九把棍，乃"短中之短"，实战中尤其需要步法的协助，而且需要手法的配合，有时候还需要连环击打。有所谓"收如龟伏把劲蓄，动若蛇齐突然去；一动连发防不住，跟踪追击谁能敌"之说。

（7）短刀有刃，一中即伤，非同小可，故遇到短刀来袭，要多利用短棍超刀之长度优势，先发制人，一招制敌。也可拦截封门，不让敌进；或后发制人，乘机反击；或顺势击敌之手，致其刀落。

（8）武当短棍点穴法，靠身近战，见缝插针，劲路多变，坚硬有力，不易防范，非常实用。拳谚有："枪怕摇头，棍怕点。"棍法之点击，重在突袭敌方要穴，防不胜防，可收奇效。

目 录

第一章 武当短棍概述 / 2

一、短棍规格 / 4

二、短棍基本握法 / 6

（一）单手握法 / 6

（二）双手握法 / 7

三、短棍基本技法 / 9

（一）格棍 / 9

（二）扫棍 / 13

（三）戳棍 / 15

（四）劈棍 / 17

（五）撩棍 / 20

第二章 武当秘传三丰棍 / 22

一、开门指路 / 24

二、拨草寻蛇 / 25

三、青龙卷尾 / 27

四、白虎抖尾 / 29

五、披荆斩棘 / 30

六、游龙摆尾 / 32

七、夜行探路 / 34

八、九天揽月 / 35

九、回马扎枪 / 36

十、棍打狼头 / 38

十一、杖敲榔梅 / 40

十二、渔郎花鞭 / 42

十三、青龙竖尾 / 47

十四、南岩问道 / 49

十五、苏秦背剑 / 51

十六、玄武搅浪 / 52

十七、天柱峰立 / 55

十八、金鸡独立 / 59

十九、仙人指路 / 61

二十、风卷残云 / 62

二十一、霸王观阵 / 64

二十二、太公钓鱼 / 66

二十三、九九归一 / 68

第三章　武当天罡伏虎棍 / 70

一、左右逢源 / 72

二、藏鞭埋伏 / 74

三、黑虎入洞 / 75

四、迎面高崩 / 75

五、偷步低击 / 76

六、怀抱琵琶 / 77

七、大鹏别翅 / 78

八、右进鸡步 / 79

目　录

九、左进鸡步 / 80

十、倒卷珠帘 / 81

十一、乌龙入洞 / 82

十二、平沙落雁 / 82

十三、猛虎回头 / 83

十四、顺风扯旗 / 83

十五、丹凤朝阳 / 84

十六、顺水推舟 / 84

十七、野马回乡 / 85

十八、天王举伞 / 86

十九、天马行空 / 86

二十、雪拥蓝关 / 87

二十一、猴儿入洞 / 88

二十二、玉女穿梭 / 89

二十三、苍龙探海 / 90

二十四、脑后神鞭 / 91

二十五、举鞭逐日 / 92

二十六、顺步照阳 / 93

二十七、黄龙卧道 / 93

二十八、横扫千军 / 94

二十九、混元一气 / 95

三十、进步连环 / 95

三十一、黄莺织柳 / 97

三十二、黑虎探穴 / 98

三十三、黄龙转身 / 99

三十四、飞鼠探林 / 99

三十五、银龙倒挂 / 100

三十六、降妖归山 / 100

第四章　太和短棍十八势 / 102

　　一、预备势 / 104
　　二、玄武惊雷 / 104
　　三、风卷莲花 / 106
　　四、金鸡夺食 / 107
　　五、雁落平沙 / 110
　　六、力劈华山 / 111
　　七、仙子敬香 / 112
　　八、迎风掸尘 / 114

　　九、叶底藏花 / 116
　　十、游龙戏水 / 118
　　十一、龟蛇嬉戏 / 122
　　十二、回头望月 / 125
　　十三、凤翅单展 / 127
　　十四、玄龟探首 / 128
　　十五、风扫垂柳 / 131
　　十六、朱雀玄武 / 134
　　十七、青龙白虎 / 136
　　十八、还剑入鞘 / 138

第五章　武当三丰棍实战法 / 140

一、拨草寻蛇（破砍刀劈头）/ 142

二、青龙卷尾（破铁锹劈头）/ 144

三、白虎抖尾（破长枪刺喉）/ 145

四、披荆斩棘（破铁锹戳胸）/ 146

五、游龙摆尾（破铁锹横扫头）/ 148

六、夜行探路（破铁锹劈顶）/ 149

七、九天揽月（破铁锹横扫头）/ 151

八、回马扎枪（破铁锹劈头）/ 152

九、棍打狼头（破铁锹捅脸）/ 154

十、杖敲榔梅（破铁锹斜劈头）/ 155

十一、渔郎花鞭（破铁锹扫腿）/ 157

十二、青龙竖尾（破铁锹铲腿）/ 158

十三、南岩问道（破铁锹横扫头）/ 160

十四、苏秦背剑（破铁锹拦腰扫）/ 161

十五、玄武搅浪（破铁锹铲喉）/ 163

十六、天柱峰立（破铁锹铲腹）/ 164

十七、金鸡独立（破铁锹扫腿）/ 166

十八、仙人指路（破铁锹扎胸）/ 167

十九、风卷残云（破铁锹劈面）/ 169

二十、霸王观阵（破铁锹扫头）/ 170

二十一、太公钓鱼（破铁锹扫头）/ 172

第六章　武当太和棍实战法 / 174

　　一、玄武惊雷 / 176

　　二、风卷莲花 / 177

　　三、金鸡夺食 / 178

　　四、雁落平沙 / 180

　　五、力劈华山 / 181

　　六、仙子敬香 / 182

　　七、迎风掸尘 / 184

　　八、叶底藏花 / 186

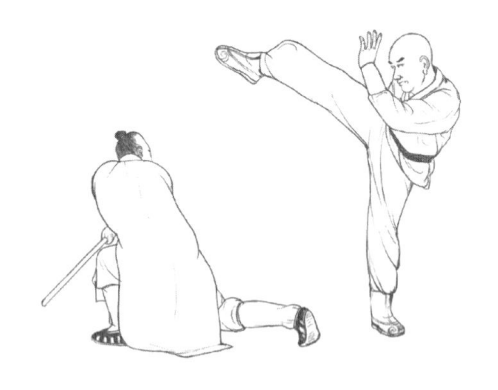

　　九、游龙戏水 / 187

　　十、龟蛇嬉戏 / 189

　　十一、回头望月 / 191

　　十二、凤翅单展 / 192

　　十三、玄龟探首 / 193

　　十四、风扫垂柳 / 194

　　十五、朱雀玄武 / 196

　　十六、青龙白虎 / 198

目 录

第七章　武当短棍破短刀 / 200

一、破刀刺胸 / 202

二、破刀刺喉 / 203

三、破刀刺腹 / 205

四、破刀横砍左颈 / 207

五、破刀劈面门 / 209

六、破刀斜劈肩颈 / 210

七、破刀下扫砍 / 212

八、破刀身后劈头 / 213

九、破刀刺后腰 / 215

第八章　武当短棍点穴法 / 216

一、喜鹊夺巢点天突 / 218

二、大蟒吐信点鸠尾 / 219

三、退步挑灯点气海 / 220

四、泰山压顶点印堂 / 221

五、古树盘根点下脘 / 222

六、海底腾龙点曲骨 / 224

七、雪花盖顶点期门 / 225

八、将军卸甲打阳陵 / 226

九、乌龙出洞点膻中 / 227

十、老汉打坐点神阙 / 228

十一、退步搅海点玉堂 / 229

十二、当头一棒点神庭 / 230

十三、上步捣巢点天突 / 232

十四、苏武牧羊点云门 / 233

十五、老君拂尘点华盖 / 234

十六、退步搜裆点中极 / 235

十七、上步杀威点曲池 / 236

十八、单凤贯耳点太阳 / 238

十九、上步撩棍点会阴 / 239

二十、挂地盘龙点章门 / 240

二十一、回身戳棍点关元 / 241

二十二、一将挡关点剑突 / 242

二十三、朝天捅鼓点廉泉 / 244

二十四、穿心拦把点乳根 / 245

第一章
武当短棍概述

　　武当短棍，一般认为源起于道人手中的拐棍。其材质不一，或是一根木杖，或是一根竹竿，常用于生活或行路之时，可以省腿力、减劳累，或扛东西、图方便，或拨荆棘、驱蛇虫等。

后来，短棍渐渐被武当武术吸收进去，融合技击攻防，结合刀剑之法，演化成了一种专门的武术器械。

短棍作为防身武器，具备选材容易、造价低廉、利于携带、应用方便、外表不凶、随意自然的特点。

一、短棍规格

武当短棍的材料多以楠木、铁栎、花梨等硬木制成。短棍的棍身圆度,以各人手掌适握为准,全棍同圆。短棍的长度,常用者主要有两种,即十三把与九把。

1. 十三把棍

正身站立,以棍一端拄地于两脚内侧,棍身竖立,上端用右手握把,拇指按住顶端贴于腹前,小指约与脐平,即为十三把棍的常用长度。此与人手十三把抓握的长度大致相等,故得名。(图1-1)

图1-1

2. 九把棍

正身站立，右手反持棍之一端，用食指按住，棍身贴于臂侧，另一端约与肩平，即为九把棍的常用长度。此与人手九把抓握的长度大致相等，故得名。（图1-2）

图1-2

> **注意**：关乎短棍长度，读者不必拘泥，长一点短一点无关紧要，总以拿着顺手、用着顺劲、击打有力为原则。
>
> 当然，棍身的长与短，必然影响手法应用与击打招势，也影响攻防远近与发力大小，最终影响到防身效果与杀伤强弱，这全在使用者自行体悟，灵活选择，"用其所长，避其所短"。

二、短棍基本握法

短棍的基本握法，分为单手握与双手握。

（一）单手握法

1. 正握

正握是短棍的常用握法。

以右手为例说明。即右手握住短棍一端，虎口朝向之棍身较长；小指朝向之棍身较短。（图1-3）

图1-3

2. 中握

右手约握于短棍中段，手距两端大致相等。（图1-4）

图1-4

3. 反握

右手握住短棍一端，小指朝向之棍身较长；虎口朝向之棍身较短。虎口向上，手背向外，使短棍另一端向下或向后。（图1-5）

图1-5

图1-6

（二）双手握法

1. 正握

双手一上一下紧握短棍一端，虎口同向，虎口朝向之棍身较长。（图1-6）

2. 一端正反握

双手一上一下握棍,虎口相对,下手小指朝向之棍身较短。(图1-7)

图1-7

3. 分手正握

双手分握短棍两端,虎口同向,两手中间之棍身较长。(图1-8)

图1-8

4. 分手正反握

双手分握短棍两端，虎口相对，两手中间之棍身较长。（图1-9）

图1-9

三、短棍基本技法

这里以九把棍为例说明。九把棍与十三把的基本技法大致相同，唯棍有长短之别而已。

（一）格棍

1. 上盘内格

【练法】

以右手为例。

右手正握棍，从右向前、向左拦格，棍身向上。（图1-10）

图1-10

【用法】

敌方用拳、掌或短刀直线攻击我方面部、咽喉、前胸之际，我方右手正握棍，内格敌方手腕内侧，阻截敌方攻击。（图1-11）

图1-11

2. 上盘外格

【练法】

右手正握棍，从下向上、向右拦格，棍身向上。（图1-12）

图1-12

【用法】

我方右手正握棍,外格敌方手腕外侧,阻截敌方攻击。(图1-13)

图1-13

3. 下盘内格

【练法】

右手正握棍,从右向下、向左拦格,棍身斜向前下。(图1-14)

图1-14

【用法】

我方右手正握棍,内格敌方手腕内侧,阻截敌方攻击。(图1-15)

图1-15

4. 下盘外格

【练法】

右手正握棍,从左向下、向右拦格,棍身斜向前下。(图1-16)

图1-16

【用法】

我方右手正握棍,外格敌方手腕外侧,阻截敌方攻击。(图1-17)

图1-17

(二)扫棍

1.内斜扫

【练法】

右手正握棍,从右向前、向左斜线平扫,棍身斜向前上。(图1-18)

图1-18

【用法】

我方右手正握棍,见机转棍,向内斜扫敌方颈部或头部。(图1-19)

图1-19

2. 外斜扫

【练法】

右手正握棍,从左向前、向右斜线平扫,棍身斜向前上。(图1-20)

图1-20

【用法】

我方右手正握棍,见机转棍,向外斜扫敌方颈部或耳门。（图1-21）

图1-21

（三）戳棍

1. 前把戳

【练法】

两脚前滑,成左弓步;两手正握棍,左手在前,向前方平戳而出。（图1-22）

图1-22

【用法】

实战时,我方见机进步,用棍头前戳敌方脐位。(图1-23)

图1-23

2.后把戳

【练法】

右脚向前上步,两手滑把,右手在前,棍头向右前平戳而出。(图1-24)

图1-24

【用法】

我方见机进步，双手滑把，用棍头戳击敌方裆部。（图1-25）

图1-25

（四）劈棍

武当短棍的劈棍之法，多以斜劲。

1. 顺劈

【练法】

右手正握棍，提棍扬于右上外侧，随即向前、向下、向左斜线劈下，棍身斜向前上。（图1-26）

图1-26

【用法1】

敌方进步,用短刀攻击我方中盘或下盘。我方右手握棍从上向左下斜劈敌方腕部上侧,致其腕伤刀落。(图1-27)

图1-27

【用法2】

实战时,我方见机急进,右手握棍从上向左下斜劈敌方左颈。(图1-28)

图1-28

2. 反劈

【练法】

右手正握棍,提至左上,随即向前、向下、向右斜劈而出,棍身斜向前上。(图1-29)

图1-29

【用法】

敌方挥刀砍来。我方迅疾向左侧闪;同时,右手握棍从上向右下斜劈敌方右颈。(图1-30)

图1-30

（五）撩棍

1. 提撩

【练法】

右手正握棍，斜置于左外侧，随即向前、向上提棍，棍身斜向左下方。（图1-31）

图1-31

【用法】

敌方进步，用刀直线攻击我方上盘要害。我方迅疾右手握棍提撩，伤其腕部。（图1-32）

图1-32

2. 前撩

【练法】

右手正握棍,经身体右侧向前划弧撩出,棍身斜向前下。(图1-33)

图1-33

【用法】

实战时,我方见机突进,右手发棍前撩,重创敌方裆部。(图1-34)

图1-34

第二章
武当秘传三丰棍

武当三丰棍,为十三把棍,据传为明代张三丰"化剑为杖(棍)"而传流下来的一套秘技,所以也叫"三丰杖"。

本棍内含阴阳,变化多端;势势相接,环环相套;架势严谨,防守严密;善诱巧取,有实有虚;指上打下,声东击西。

有所谓"上打头,下扫根,两边截腕,中扎心"之说,读者勤练,自有大用。

一、开门指路

【练法】

（1）两脚并步，正身站立；左手反握短棍，垂于左侧；右手垂于右大腿外侧。目视前方。（图2-1）

图2-1

（2）左脚向左横开一步，身体重心移于右腿，屈膝半蹲，成左虚步；同时，上体左转，左手提棍，与肩同高，棍头平指向前；右掌收抱右腰间，掌心向上。目视短棍。（图2-2）

图2-2

（3）左脚收于右脚内侧，并步直立；同时，左手抱棍向右肩前外运转，手心向上，棍身担于左上臂侧上；右掌不变。目视左下。（图2-3）

图2-3

二、拨草寻蛇

【练法】

（1）承接上势。左手带棍下压至右腋前；右手接把正握，棍身正立于右肩前侧。左手松把成掌，护于右手拇指上侧，掌心向右。头向左转，目视左侧。（图2-4）

图2-4

（2）左脚向左侧上进一步，重心移于右腿，屈膝半蹲，成左虚步；同时，双手抡棍向左前下方劈下，棍头点地。目视短棍。（图2-5）

图2-5

（3）腰裆左旋，两腿变成左半马步；同时，两手向前推把，棍头点地，两手约与胸平。目视左下。（图2-6）

图2-6

（4）上体右转，左脚尖内扣，屈膝半蹲，成右虚步；同时，左手前滑，握于棍身中段，随右转身向右下侧划棍，棍身斜向右前下方，棍头约低于右膝，左臂向前下斜伸；右臂屈肘，持棍于右肋侧。目视右下。（图2-7）

图2-7

（5）左脚向左前上步，成左虚步；同时，左手棍头向下，从身前滑把内收，置于右下腹前；右手滑把，握于棍身中段，前推使棍身竖立于身体右侧。目视前方。（图2-8）

图2-8

三、青龙卷尾

【练法】

（1）上体左转，左脚向左横开一步，右腿蹬伸，成左弓步；同时，右手滑把，两手合力向左前上方推出，约与鼻平。目视棍身。（图2-9）

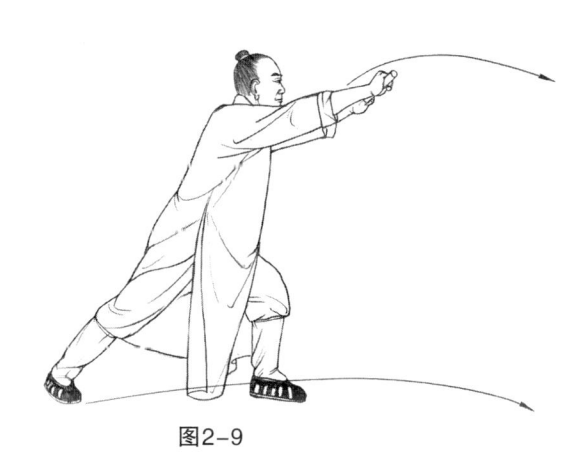

图2-9

（2）右脚向前方跨上一步，左腿蹬伸，成右弓步；同时，左手松把变掌护于右腕内侧；右手抡转短棍向前劈出，棍身斜向前上方，棍头高过头顶。目视短棍。（图2-10）

（3）上体左转，左脚向右后插步，上体左倾；同时，右手握棍向左、向下、向右划弧扫出，棍身斜向后下，棍头稍高过膝；左掌向左斜上方展臂，掌外沿向上，约与顶平。头部右扭，目视短棍。（图2-11）

图2-10

图2-11

四、白虎抖尾

【练法】

（1）左脚向右腿前方上步，上体右转约半周，成左横裆步；同时，右手握棍随转身向右侧横扫，棍身斜向上，棍头约与喉平；左掌平展于左侧，臂与肩平，虎口向上，指尖向左。目视短棍。（图2-12）

图2-12

（2）右脚略收，重心前移，成右半马步；同时，右手领劲，以身带棍，棍头向左至左腹前侧。左手随即接握；右于滑把，右手棍身向前上划弧格出，棍头约与额平，右手约与肩平。目视短棍。（图2-13）

图2-13

五、披荆斩棘

【练法】

（1）左脚向右前方上步，上体右旋，成左高虚步；同时，右手向右滑把，左手松握。右手随即用劲，使棍从头上向身后裹脑，担于右肩；左手抱按右手背。头向左转，目视左前。（图2-14）

图2-14

（2）左脚前移，屈膝前弓，右腿屈膝下沉，成左跪步；同时，两手握棍向左前下方斜扫而去，两手约与下腹平，棍身斜向前下，棍头约与胫平。目视短棍。（图2-15）

图2-15

（3）右膝略起，仍是跪步；同时，两手握棍使棍头从前向左、向身后斜上方划弧，两手位于左肩前上侧，上体略前倾。目视前下。（图2-16）

图2-16

（4）右脚向前上步，左腿蹬伸，成右弓步；同时，两手握棍，随上步向前下方斜扫，棍头约与左胫平，上身略前俯。目视短棍。（图2-17）

图2-17

六、游龙摆尾

【练法】

（1）上身右旋，两手握棍以反手势向上、向后、从下方在身体右侧运行半周抡击，棍身斜向前上，两手置于右肩前上方。目视前方。（图2-18）

图2-18

（2）步型不变；两手握棍运行不停，依次向后、向下、向前撩击，两手置于右额前上侧，棍身斜向前下。目视短棍。（图2-19）

图2-19

（3）步型不变；两手握棍以反手势向上、向后、从下方在身体右侧运行一周，随即向前上方撩击，两手成交叉握把势，举于头额前上方。目视短棍。（图2-20）

图2-20

（4）步型不变；两手握棍继续向上、向左、向下运行，向前撩出，两手成反握把举于头额前上方，棍身斜向前下，棍头约与喉平，上身略前倾。目视短棍。（图2-21）

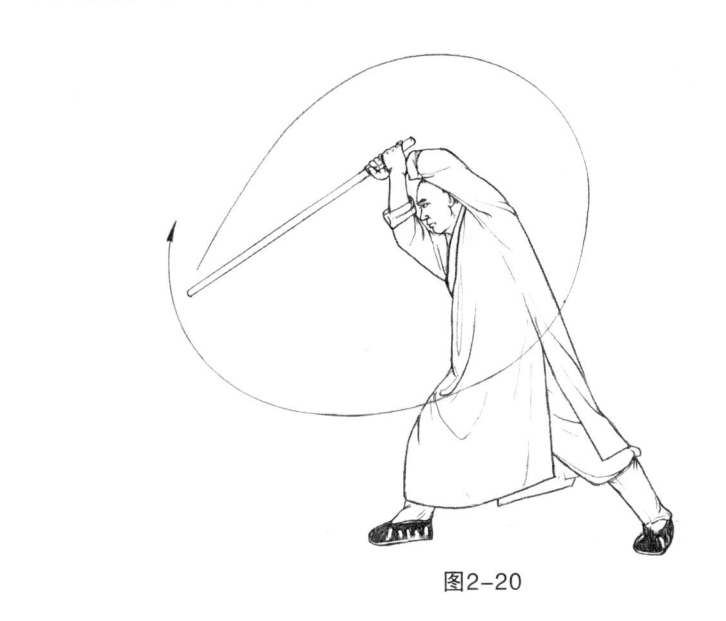

图2-21

七、夜行探路

【练法】

（1）上体左转，右脚尖内扣，左脚跟内收，重心落于右腿，成左虚步；同时，左手松握向左下划弧，斜伸于左前方，高与肋平，虎口向上，指尖向前；右手正握棍随转身经上向左、向前划弧劈下，棍头敲地于左脚内侧。目视左前。（图2-22）

图2-22

（2）向右转体，右脚尖外摆，重心略左移，成半马步；同时，右手握棍随转身向上、向右经头顶上方、向下划弧劈出，棍头敲点地面；左掌斜伸于左侧，高与腰平。目视短棍。（图2-23）

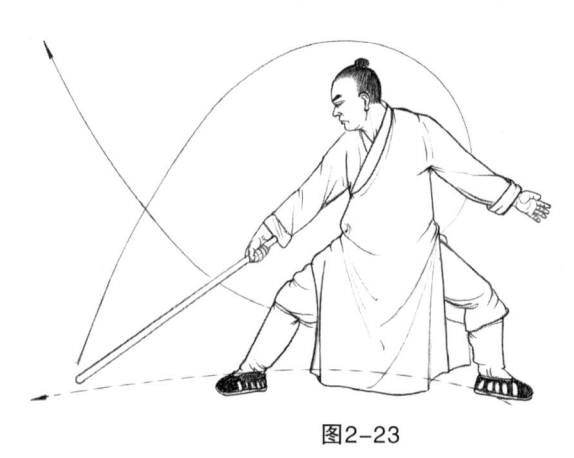

图2-23

八、九天揽月

【练法】

（1）左脚向前上步，屈膝前弓，右腿略屈膝下沉；同时，右手握棍随上步将棍向上、向左划弧，至左侧之际左手接握成双握把，随即从左下向前上方反抢而出，棍头高过头顶，两手约与胸平。目视短棍。（图2-24）

图2-24

（2）身体重心移于左腿，右腿屈膝提起，成左独立步；同时，两手抡棍向后、向左、向下、向前运转一周，随即向前方撩出，棍身稍向前下斜，两手约与胸平。目视短棍。（图2-25）

图2-25

九、回马扎枪

【练法】

（1）右脚向前落步，两腿屈膝半蹲，上体左转，成左半马步；同时，两手滑把，正反握棍，右高左低，横于咽喉前。目视左前。（图2-26）

图2-26

（2）左半马步不变；右手压把至左下腹前；左手内滑把，左手握棍身向左前上绞拨，棍头约与眼平。目视短棍。（图2-27）

图2-27

（3）动作不停，腰裆左转，两手握棍向左身后绞拨。目视短棍。（图2-28）

图2-28

（4）右脚向左后侧插步；同时，两手握棍向后方戳出，棍头约与膝平，上体左倾扭身。目视短棍。（图2-29）

图2-29

37

十、棍打狼头

【练法】

（1）身体右转约半周，下盘随转体成右弓步；同时，左手松把，斜伸于左侧，虎口向下，指尖斜向左下；右手握棍，随转身划弧向右前劈出，棍身斜向前上，右手约与腹平。目视短棍。（图2-30）

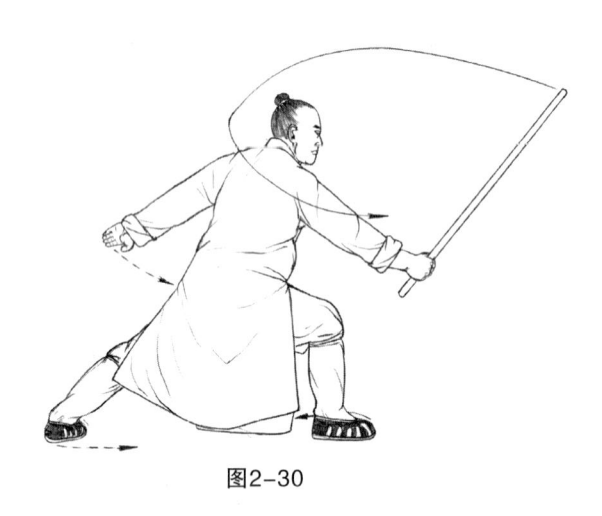

图2-30

（2）向左转身，左脚内收半步，身体立起；同时，右手抡棍回收，顺势从左肩处向身后反砸；左掌伸臂于左胯外侧，掌心向下，指尖向前。目视前方。（图2-31）

（3）两腿成高弓步；左手反把，从左肩上握住右手，两手稍提约与额平。目视前方。（图2-32）

（4）接着，左手在左肩上握住棍端；右手虎口向上，从左腋下握住棍身中段。目视前方。（图2-33）

（5）右脚向前进步，成右虚步；左手握棍内旋，使棍头向前点击，约与喉平；右手使棍端向右肩后挑拨，棍身横平。目视前方。（图2-34）

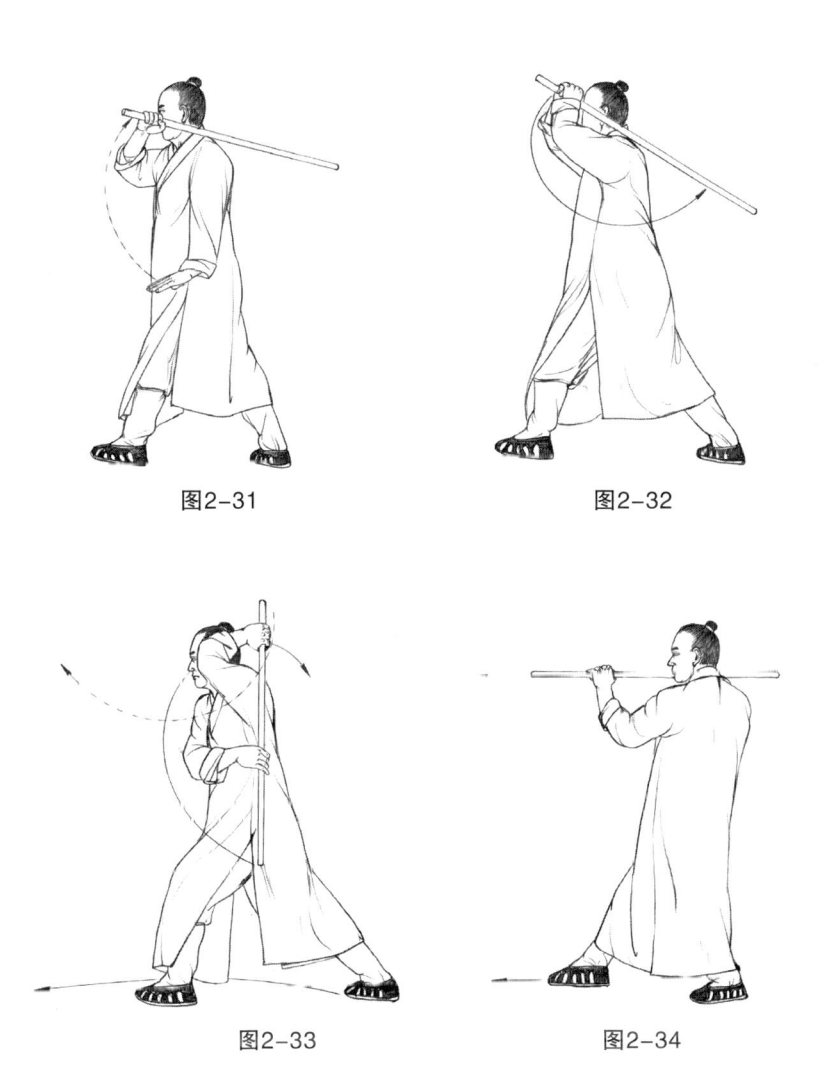

图2-31

图2-32

图2-33

图2-34

（6）动作不停，右脚向前滑步，成右弓步；同时，两手握棍向前平行戳击。目视短棍。（图2-35）

图2-35

十一、杖敲槲梅

【练法】

（1）重心移于右腿，左腿屈膝提起，向右倾身，成右独立步；同时，左手松把，右手握棍左绕一周、向前劈棍，棍身向前上斜，棍头约与顶平，右手约与胸平；左掌护于右腕上侧，掌心向下，指尖向右。目视短棍。（图2-36）

图2-36

（2）左脚插向右腿后侧，成扭步；同时，左手握把于右手虎口前，棍身横平，两手置于右肩前外侧。目视短棍。（图2-37）

（3）右脚向右开步，成右仆步；同时，左手松把，斜伸左上，高过头顶，指尖向上；右手持棍绕体约扫转一周，右手置于右膝内上侧，棍身略平。目视短棍。（图2-38）

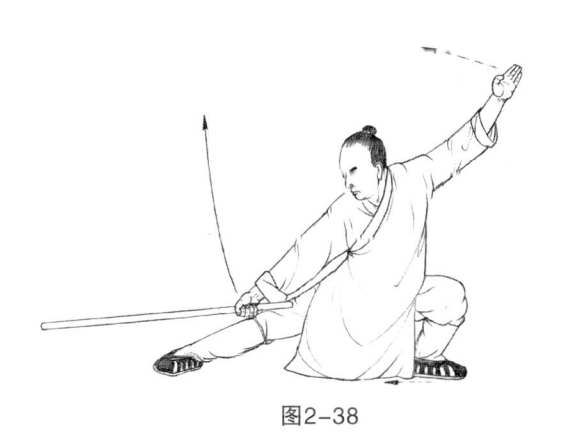

图2-37

图2-38

十二、渔郎花鞭

【练法】

（1）身体重心右移，成右弓步；同时，右手向前上提，棍身斜向前下，右手约与颌平；左掌屈肘前收，指尖向右。目视短棍。（图2-39）

图2-39

（2）右脚后退一步，身体向右后转约一周，成右弓步；同时，右手握棍向后旋转，向下、向上撩击；左掌护于右上臂侧下，指尖向上，掌心向右。眼随棍走。（图2-40）

图2-40

（3）步型不变；右手握棍，从下向前、向上撩，继向右后抡转，棍身斜置右后，右手屈臂举于右额外侧；左掌外划，屈臂立掌于头部左侧，指尖向上，掌心向外。目视右前。（图2-41）

图2-41

（4）步型不变；右手握棍，从右侧向前撩击，右手屈臂，约与颌平，棍身斜向前下；左掌举臂于头顶左上方，指尖向右。目视短棍。（图2-42）

图2-42

（5）步型不变；右手握棍，从上向左划弧，经左向下、向右、向前划弧撩击，棍身斜垂，右手屈臂举于右额前方，虎口向前斜下方；左掌护于右肋前侧，掌心向下。目视短棍。（图2-43、图2-44）

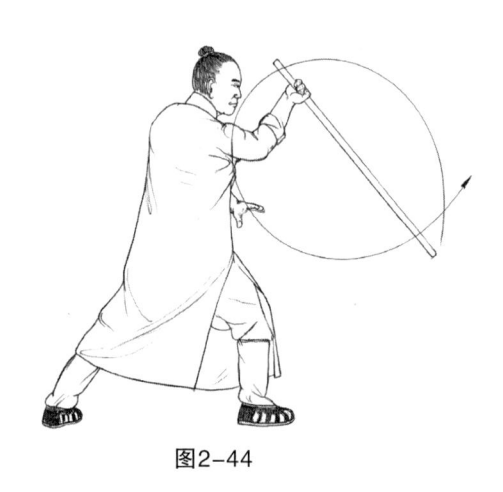

图2-43

图2-44

（6）动作不停，右手握棍继续抡转，从上向右后贴身抡转一周。目视短棍。（图2-45）

图2-45

（7）步型不变；右手转腕抡棍撩击，右手约与眼平，棍身向前斜垂；左掌举于头顶左上。目视短棍。（图2-46）

图2-46

（8）身体重心左移，两腿略屈，蹲成右半马步；同时，右手握棍，从上向左后抡击，斜置于左肋前侧，右手约与胯平；左掌不变。目视右下。（图2-47）

图2-47

（9）左腿蹬伸，成右弓步；同时，右手握棍向前反撩，右手前伸略低于右肩，棍身斜向前下；左掌向左后侧约平肩展开，指尖斜向上，掌心向后。目视短棍。（图2-48）

图2-48

十三、青龙竖尾

【练法】

（1）身体左转，重心移于左腿，右腿屈膝提起，成左独立步；同时，右手握棍随转身上提，举棍于头顶上方，棍身斜垂于背后；左手抱握右手。目视前下。（图2-49）

图2-49

（2）右脚前落，成右弓步；同时，左手成掌，架于头顶；右手握棍，棍身经左肩外侧向右前斜下方扫出，棍身斜置身前。目视短棍。（图2-50）

图2-50

47

（3）右弓步不变；右手握棍上提，右臂外旋，使棍在右臂外侧由下经后向前，以逆时针方向绕环一周至体前，随即平行向右后平抽，使棍身斜置于右腿外侧；左掌向下、向前推掌，腕与肩平，指尖向上，掌心向前。目视前方。（图2-51）

图2-51

（4）左脚外展，右脚稍向内收，重心左移，两腿屈膝蹲成右半马步；同时，左掌下收，伸臂按于裆前，指尖向右；右手握棍前撩，竖棍于右前方，右臂伸开，右手约与腰平。目视短棍。（图2-52）

图2-52

十四、南岩问道

【练法】

（1）承接上势。右手握棍不动，身体左转，右腿蹬伸，成左弓步；同时，左掌抡转向左前插，虎口向上，指尖斜向前下，约与腹平。目视左掌。（图2-53）

图2-53

（2）右手握棍不动，重心后移至右腿，左脚内收一步，成左虚步；同时，左臂内旋，左掌下按于左膝上方，掌外沿向前。目视左前。（图2-54）

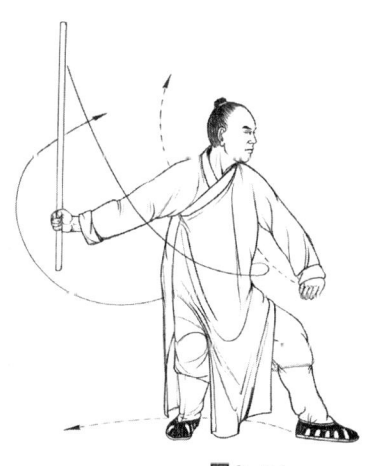

图2-54

（3）左脚后撤一步，上体略左转，右腿蹬伸，成左横裆步；同时，左掌向左划弧架臂亮掌于头额前侧，掌外沿向上，指尖向右；右手随转身绕棍，竖于左肩后侧，右手置于左肋侧。头向右转，目视右斜前方。（图2-55）

图2-55

（4）重心右移，身体右转，左腿屈膝展髋向左上提起，约同腰高，脚跟后勾；同时，右手握棍向右抡劈，右臂伸直，上体向右前倾；左掌仍举架头顶。目视短棍。（图2-56）

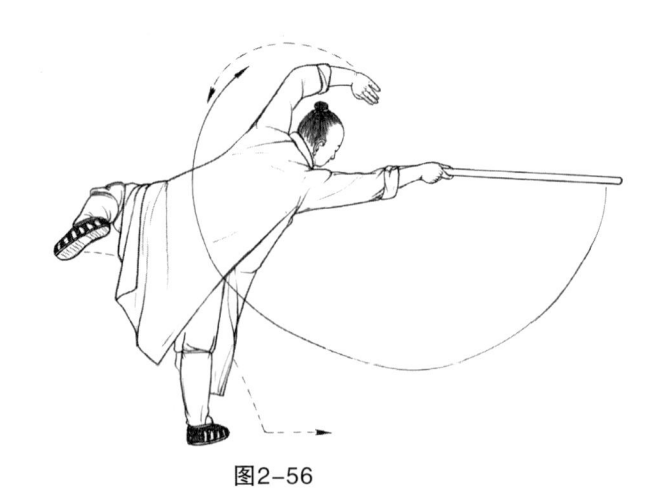

图2-56

十五、苏秦背剑

【练法】

（1）左脚向右前方落步，两腿屈膝全蹲，成左歇步；同时，右手握棍由右向身后屈臂后挂，继而转腕翘棍，将棍斜背于身后。棍头至左肩后时，左手接握；右手置于右后，约与胯平。目视前下。（图2-57）

图2-57

（2）身体右转约半周，右脚随即向右侧横跨一步，屈膝半蹲成左半马步；同时，右手松把成掌，掌背贴于腰后；左手握棍屈肘向左前下落，使棍由背后向左前方斜劈，棍身竖立于身体左前侧，左手约与腰平。目视短棍。（图2-58）

图2-58

（3）左脚内收半步，重心移于右腿，成左虚步；同时，左手握棍使棍头右转，下落至腹前时以右手接握。随即，左手推把向前上挑，棍身担于左掌虎口之上，棍头约与鼻平，左手掌心向前，指尖向上。目视短棍。（图2-59）

图2-59

十六、玄武搅浪

【练法】

（1）右脚向左腿后侧插步，脚跟提起；同时，双手把位不变，以身带棍，用左手使棍头向身前上拨绞。目视短棍。（图2-60）

图2-60

（2）动作不停，右脚落地，左脚向左侧开步；同时，双手把位不变，用左手使棍头向身体左下侧拨绞。眼随棍走。（图2-61）

图2-61

图2-62

（3）右脚继续向左腿后侧插步；同时，双手把位不变，以身带棍，用左手使棍头向身前上拨绞。目视短棍。（图2-62）

（4）左脚向左侧开步，成左半马步；同时，双手把位不变，用棍头向身体左外侧拨绞。眼随棍走。（图2-63）

图2-63

图2-64

（5）右腿继续向左腿后侧插步；同时，双手把位不变，使棍头向身前上拨绞。目视短棍。（图2-64）

十七、天柱峰立

【练法】

（1）右转身约一周，左腿蹬伸，成右弓步；同时，左手松把，右手握棍随转身抡转，向右前方劈出，棍身斜向前上，棍头约与鼻平，右手约与腹平；左掌护于右手内侧。目视短棍。（图2-65）

图2-65

（2）身体向左扭转，左腿屈膝提起；同时，右手握棍翘腕，由右向上举过头顶，棍身斜向左下；左掌向左平抹至左膝前上侧，指尖斜向上，掌心向前。目视前下。（图2-66）

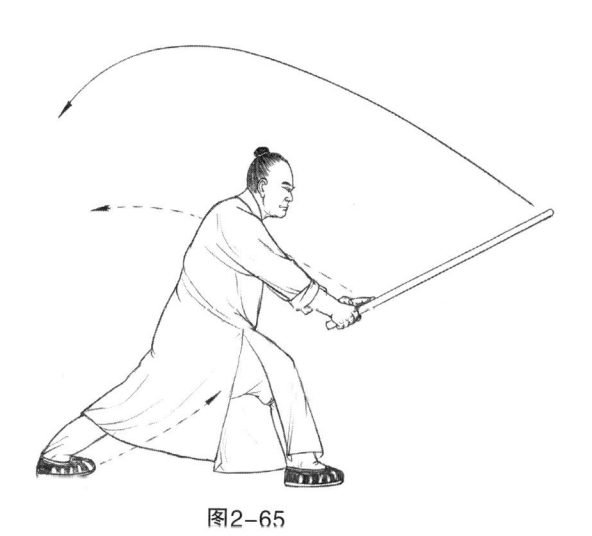

图2-66

（3）左脚向左前外摆落步，身体左转，两腿交叉略屈；同时，右手握棍，向左、向下经左腿外侧、向后挂至腰后，棍身斜向后上；左手护于右腕上侧。目视短棍。（图2-67）

（4）右脚盖步，身体左转约一周，成右弓步；同时，右手握棍，先向左侧劈下，继而提棍划弧，再向下、向右挺腕发力平戳，高与肩平；左掌紧随，护于右肘外侧，指尖向上，掌背贴肘。目视短棍。（图2-68）

图2-67

图2-68

（5）两脚向左摆扣，身向左转约半周，成左弓步；同时，右手握棍上划下抢，由头顶上盖压于左下方，棍身斜向下，棍头约与胫平，右手约与腹平；左掌附于右腕。目视短棍。（图2-69）

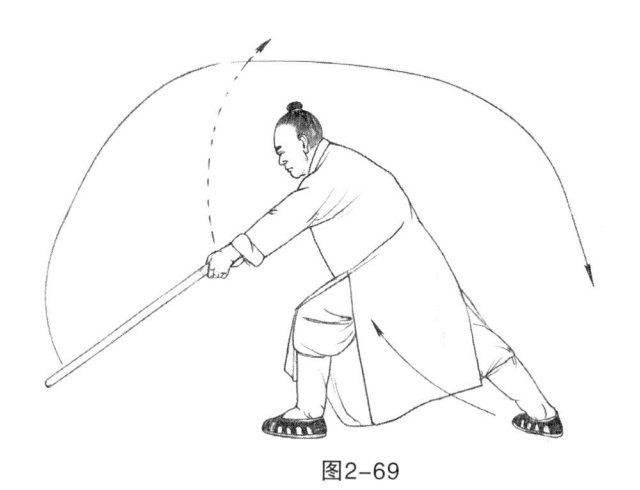

图2-69

（6）身体右转，右腿屈膝提起，成左独立步；同时，右手握棍向右下摆，棍头由左经体前向右下方戳击，右手停于右小腿外侧，棍身斜向下方；左掌上举架于头顶上，指尖向右。目视短棍。（图2-70）

图2-70

（7）右脚向右侧落步，身向左转；同时，右手握棍上提内旋，使短棍斜向竖置于左臂外侧；左掌向下划弧、向左推出，腕约平肩，指尖向上。目视左方。（图2-71）

图2-71

（8）右腿屈膝提起，成左独立步；同时，右手握棍由背后向右、向体前横扫至身左侧，斜向贴置于左上臂；左掌附在右前臂上。目视右前。（图2-72）

图2-72

十八、金鸡独立

【练法】

（1）右脚后退落步，伸膝蹬劲，成左弓步；同时，左手握棍向前滑把下压，棍身约与胸平之际两手推棍，用左手握棍头向左前方戳出，棍头约与鼻平；右手在后握棍，位于左腋前。目视短棍。（图2-73）

图2-73

（2）身体右转，两脚摆扣，左腿蹬伸，成右弓步；同时，双手持棍滑把，以右手握棍头向右后方横平戳出，略低于肩。目视短棍。（图2-74）

图2-74

（3）身体左转约半周，两脚摆扣，成左弓步；同时，以右手握棍身向左反盖，棍头高过头顶；左手运转到右腋下，两手旋转变换把位。目视短棍。（图2-75）

图2-75

图2-76

（4）动作不停，左手松把，横臂胸前，虎口向下，指尖向右；右手握棍身向后下拨；同时，右腿屈膝提起，成左独立步。目视右前。（图2-76）

十九、仙人指路

【练法】

（1）右脚向前落步，两腿屈蹲成马步；同时，右手握棍前挑，短棍后段挟于右腋下，棍身横平；左掌立起，护于右肩前，指尖向上，掌心向右。目视右方。（图2-77）

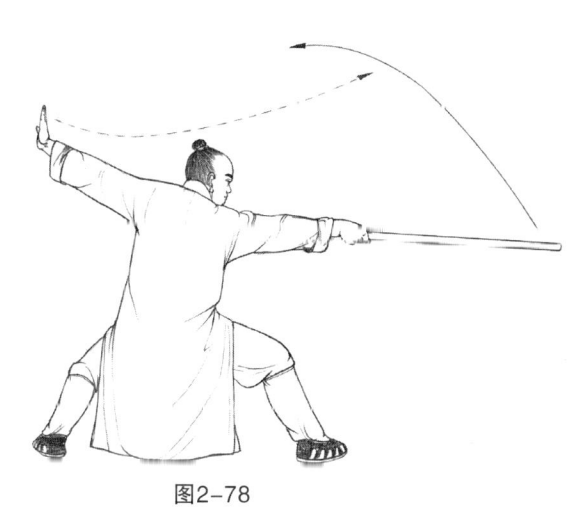

图2-77

（2）马步不变；右手握棍抡转，向右前方劈出，棍身横平，略低于肩；同时，左掌顺势斜向左上展开，指尖向上，高过头顶，掌心向后。目视短棍。（图2-78）

图2-78

二十、风卷残云

【练法】

（1）左腿蹬伸，成右弓步；同时，右手握棍向上、向左平盖；左掌向前上伸，用虎口托住短棍另一端，成两手举臂托棍身。目视前方。（图2-79）

图2-79

（2）动作不停，右手握棍向左侧上方抡扫一周半，将棍身担于左肩之上，左掌抱护右手；同时，身体向左转，重心左移，右腿蹬伸，成左横裆步。目视右斜前方。（图2-80）

图2-80

（3）向右转体，成右弓步；同时，右手抡棍向右侧旋转一周，举于右肩上方，棍身斜置背后；左掌收护于右胸前，指尖向上，掌心向右。目视右前。（图2-81）

图2-81

图2-82

（4）右手握棍向前劈下，棍头敲击点地于右脚外侧。随即向左转身，两腿屈蹲成左半马步；同时，左掌随转身向左侧推出，腕约平肩，指尖向上，掌心向左；右手握棍伸臂于右侧，用力使棍拄地。目视左掌。（图2-82）

二十一、霸王观阵

【练法】

（1）左脚跟外蹍，向右转体，成右弓步；同时，右手旋腕，把棍向前上竖立崩击，棍身垂直，右手约与腹平；左掌不变。目视短棍。（图2-83）

图2-83

（2）动作不停，右弓步不变；右手屈臂，使棍头捣向身后，棍身斜置；左掌不变。目视右方。（图2-84）

图2-84

第二章　武当秘传三丰棍

（3）右脚后退一步，上体随即右转约半周，两腿成右高虚步；同时，右手抡棍在身体右侧旋转一周，略斜竖棍于右前侧，右手高与胸平；左掌护于右上臂内侧。目视短棍。（图2-85）

图2-85

（4）动作不停，右手抡劲，向右臂后背棍，重心前移成右弓步；同时，左掌向斜前方推出，腕约平肩，指尖向上。目视左前。（图2-86）

图2-86

65

二十二、太公钓鱼

【练法】

（1）上体左转，左脚跟内收，成左半马步；同时，右手抡棍，在头顶旋转一周，至左前方举臂垂棍，右手过顶；左掌贴附于棍另一端，约与胸平。目视短棍。（图2-87）

图2-87

（2）右手收肘领劲，向左下方收棍，使棍身竖起；左掌顺势抱贴于右手内侧，约与胸平。目视短棍。（图2-88）

图2-88

第二章 武当秘传三丰棍

（3）左手握棍于右手前，上身前倾，两手抖劲把棍前劈，棍头砸地。目视短棍。（图2-89）

图2-89

（4）右脚收步，重心移于右腿，屈蹲成左虚步；同时，两手下收，用劲把棍头向上挑起，两手约与腹平，棍头约与额平。目视短棍。（图2-90）

图2-90

67

二十三、九九归一

【练法】

（1）左虚步不变；右手下带，约至裆前；左手滑把，握于棍身中段。目视短棍。（图2-91）

图2-91

（2）左脚内收，两脚并步，正身而立；同时，右手松把，亮掌于额上，指尖向左；左手背棍，垂于左侧。目视左方。（图2-92）

图2-92

（3）右掌垂放，头颈转正。本套收势。（图2-93）

图2-93

第三章

武当天罡伏虎棍

所谓天罡，主要有两种含义，一指本棍有三十六势，二誉本棍刚劲有力。

所谓伏虎，是赞本棍高超玄妙，可"降龙伏虎"。

传统武术在称谓时，经常借用天罡、地煞、七星、伏虎、降魔、穿云、担山等词，乃有暗喻，是为习惯。读者明鉴，关键是实际的技术与应用，如能探精索微，心领神会，练至得心应手，自可克敌制胜。

天罡伏虎棍，是十三把棍。本棍技术完整，动作实用；气势威猛，劲法犀利；舒展大方，连环不断。

一、左右逢源

【练法】

（1）两脚并步，正身直立；右掌垂于身体右侧，左手反握短棍垂于身体左侧。全身蓄劲，准备演练。（图3-1）

图3-1

（2）左手握棍，向上抬臂前伸，约与肩平。目视前方。（图3-2）

图3-2

（3）左脚向左横开一步，上身左转约90°，重心移于右腿，左脚跟略抬，成左虚步；同时，左手握棍向右后收，横置胸前，棍身略平；右手护于左手背。目视短棍。（图3-3）

图3-3

（4）右脚前上一步，重心移于左腿，成右高虚步；同时，左手松把，下落左胯侧，虎口向上，指尖向前；右手握把，向下伸臂，使棍垂落，右手约与胯平，棍头点地于右脚跟外侧。目视前方。（图3-4）

图3-4

二、藏鞭埋伏

【练法】

（1）身体重心移到右腿，左腿屈膝提起，成右独立步；同时，左掌向前方抬臂托掌，约与肩平；右手握棍提至右腰侧，棍身下垂于右腿侧。目视左掌。（图3-5）

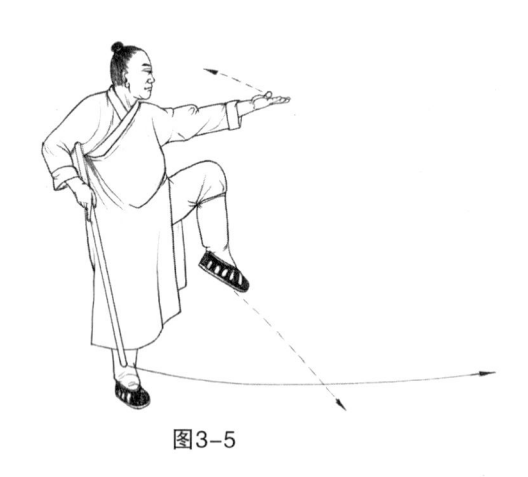

图3-5

（2）左脚向前落一大步，右腿蹬伸，成左弓步；同时，右手握棍向前撩出，棍身斜指地面，棍头接近地面；左掌向左上提，屈肘架臂于头部左侧，掌外沿向上，指尖向前。目视短棍。（图3-6）

图3-6

三、黑虎入洞

【练法】

重心移于右腿，左脚贴地内收一步，成左虚步；同时，右手握棍向右后收，伸臂置于右胯后侧，棍身斜向前下，棍头置于右脚上外；左掌下收，按掌护于左腹前侧，掌心向下，指尖向右。目视左前。（图3-7）

图3-7

四、迎面高崩

【练法】

（1）左脚向右脚前收步，随即身体右转约半周，右腿屈膝提起，成左独立步；同时，右手握棍随转身向右上撩，右手置于右大腿外侧，棍身向前斜置，约与口平；左掌右移，护于裆前，指尖向右，掌心向下。目视短棍。（图3-8）

图3-8

（2）左手前伸，抓住短棍另一端，随即左转身，右脚向左前方踏落，左腿蹬伸，成右弓步；同时，两手握棍随转身向前上方推出，两臂伸直，约与喉平。目视前方。（图3-9、图3-9附图）

图3-9

图3-9附图

五、偷步低击

【练法】

（1）左脚收步，前脚掌着地，脚跟提起，沉膝成右跪步；同时，上体右转约90°，右手带棍向右下侧戳出，约与胯平；左手推把助劲，置于下腹前。目视右后。（图3-10）

图3-10

（2）动作不停，左脚跟落地，右脚后撤一步，左腿屈蹲，右腿蹬伸，成左横裆步；同时，两手推棍向右下方戳击。目视短棍。（图3-11）

图3-11

图3-12

六、怀抱琵琶

【练法】

身体重心移到右腿，左腿屈膝提起，成右独立步；同时，上体左转约90°，两手向右滑把，右手提至右腋前；左手带棍下伸至左小腿内侧，左手棍头向左下格。目视短棍。（图3-12）

77

七、大鹏别翅

【练法】

（1）左脚落步，右脚前上一步，左旋身成插步；同时，左手脱把，左臂屈肘架于头额左侧，掌外沿向上，指尖向右；右手握棍向右后方刺出，棍身平臂。向右扭头，目视短棍。（图3-13）

图3-13

（2）身体左转约半周，成左弓步；同时，右手握棍，随转身向左前方劈击，棍头敲地；左掌架臂于头顶上方，虎口向下，掌心向前。目视短棍。（图3-14）

图3-14

八、右进鸡步

【练法】

（1）左脚内收一步，重心移于右腿，屈膝半蹲，成左虚步；同时，右手向右上提；当棍身竖直之际，左手下伸接握另一端，约与裆平。目视短棍。（图3-15）

图3-15

（2）动作不停，右脚前上一步，两腿屈蹲成右半马步；同时，两手握把不变，随进步向右前推棍，上身略向前倾。目视短棍。（图3-16）

图3-16

九、左进鸡步

【练法】

（1）左脚向右前方上一步，两腿屈蹲成马步；同时，两手握把不变，随上步进身向左前推棍。目视短棍。（图3-17）

图3-17

（2）两脚蹬地跳起，右转半周，身向转正，落地后仍为马步；同时，两手握棍下压平端于上腹前，两手心均向下。目视短棍。（图3-18）

图3-18

（3）动作不停，右脚左收震地，两腿并步屈蹲；同时，两手推棍向左，以左手握棍头向左平戳，约与腰平。目视短棍。（图3-19）

图3-19

十、倒卷珠帘

【练法】

右脚向右侧横开一步，左脚随即跟上，仍成并步半蹲势；同时，两手随进身滑把，用右手握棍头向右平戳，约与腰平。目视短棍。（图3-20）

图3-20

十一、乌龙入洞

【练法】

左脚从右脚后侧向右插步，右脚随即向右一步，落于左脚内侧，仍成并步半蹲势；同时，两手随上步推把，用右手棍头向右平戳，约与腰平，右臂伸开；左手置于右肋侧。目视短棍。（图3-21）

图3-21

十二、平沙落雁

【练法】

右脚向右方贴地伸开，左腿屈膝全蹲，成右仆步；同时，左手脱把，右手沉腕。使左手棍身自左向上、向右劈出，右手下沉至右大腿内侧，棍身向前斜置；左掌上举于头顶，虎口向下，指尖向外。目视短棍。（图3-22）

图3-22

十三、猛虎回头

【练法】

起身,左脚迅疾向右腿后侧插步;同时,右手抡棍经头顶盘旋一周,向右后方平扫,约与腹平;左掌仍架臂于头顶。目视短棍。(图3-23)

图3-23

十四、顺风扯旗

【练法】

左脚向右前方上一步,重心移于右腿,成左虚步;同时,上体左转,右手握棍向左前方撩出。当棍头撩至左前上方约与额高之际,左手前伸抓把,两手伸臂推棍,使棍身竖立身前。目视短棍。(图3-24)

图3-24

十五、丹凤朝阳

【练法】

身体重心前移于左腿，右腿屈膝提起，成左独立步；同时，左手脱把，左掌举臂于头顶左侧，指尖向右；右手握棍向前下劈，伸臂垂手于右胯后侧，棍身斜向前下。目视前下。（图3-25）

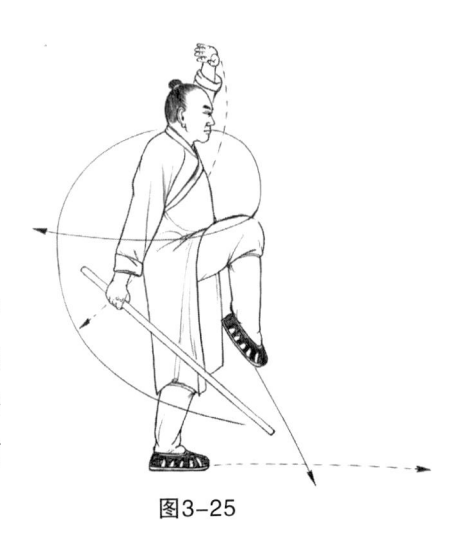

图3-25

十六、顺水推舟

【练法】

右脚向前落步，左脚抢上一步，上体右转约半周，左腿蹬伸，成右弓步；同时，右手抡棍随转身扫转一周，至身体左侧时左手抓把，两手右上左下，向前推棍，棍身竖直，左手约与腹平，右手高过头顶。目视短棍。（图3-26）

图3-26

十七、野马回乡

【练法】

（1）右脚向左腿后侧插步，上体左转成扭步；同时，左手脱把，右手抡棍随转身向左前下劈，右手收至左大腿外侧，棍身斜向前上；左掌按护于右腕上侧。目视短棍。（图3-27）

图3-27

（2）左脚向左上一大步，屈膝全蹲，上体随即右转约半周，右腿伸开，成右仆步；同时，右手抡棍向右前劈击，右手下落至右膝内侧，棍身斜向前上；左手架臂于头顶上方，虎口向下，指尖向外。目视短棍。（图3-28）

图3-28

十八、天王举伞

【练法】

身体立起，右脚退于左脚后侧，左脚撤退一小步，右腿屈膝提起，成左独立步；同时，右手握棍向上直举，左掌上伸抱握右手，棍身竖立，上身略前俯。目视前下。（图3-29）

图3-29

十九、天马行空

【练法】

（1）身体随即右转约半周，仍成左独立势；左手松开，左掌举臂于头左上方，掌心向上，指尖向后；右手握棍下落至右外侧，棍身斜向前下，右手置于胯后。目视前方。（图3-30）

图3-30

（2）独立步不变；右手握棍向前上撩起，举过头顶，左手抱握右手，棍身竖立。目视前下。（图3-31）

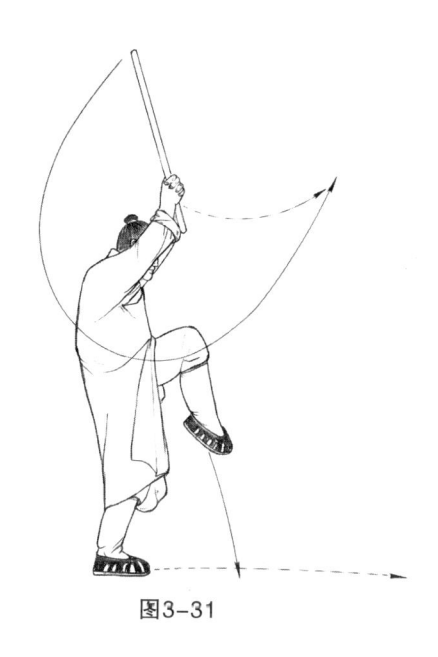

图3-31

二十、雪拥蓝关

【练法】

（1）右脚向前落步，左脚向右腿后侧插步，前脚掌拄地；同时，左手松开；右手握棍向右下、向左、向上抢转一周。继向上撩，撩至约与额平之际，伸左手抓把。随即，右手举把过顶；左手下压伸臂，约与肩平，棍身斜置，成架棍势。目视左后。（图3-32）

图3-32

87

（2）步型不变；右手脱把，架臂亮掌于头顶，虎口向下，指尖向左；左手握棍前劈，至棍身竖直为准。目视短棍。（图3-33）

图3-33

二十一、猴儿入洞

【练法】

（1）向右转身，右脚上步，脚尖虚点地面，重心移于左腿，屈蹲成右虚步；同时，左手握棍随转身右划。至头顶时右手接把，向前下划点棍，右手约与右膝平；左手屈臂置于左耳下侧。目视短棍。（图3-34）

图3-34

88

（2）右脚踏前半步，左腿蹬伸，成右弓步；同时，左手脱把，置于左肩前侧，肘尖斜向后提，指尖向下，掌心向外；右手抡棍随进身向前劈出，棍身微斜，右臂向前斜下伸开，右手约与腹平。目视短棍。（图3-35）

图3-35

二十二、玉女穿梭

【练法】

（1）左脚向右前方上一步，右腿蹬伸，成左弓步；同时，右手握棍将棍头划圈，向前点出，约与胸平。目视短棍。（图3-36）

图3-36

（2）右脚向左前方上进一步，左腿蹬伸成右弓步，上体左转；同时，上身略右倾，右手握棍旋腕，向左下撩至左腹前侧，右臂略屈横置右侧，约与肩平；左掌下按棍身另一端。目视左下。（图3-37）

图3-37

二十三、苍龙探海

【练法】

上身右转约半周，成插步势；同时，右手抡棍随转身向右后方横扫，下劈至体后方，右手约与胯平，棍头稍向前上；左臂屈肘上抬，左掌置于左肩前，虎口向下，指尖向右。目视短棍。（图3-38）

图3-38

二十四、脑后神鞭

【练法】

（1）左脚跟外旋落地，随即身体右转约90°，右脚向左前方上步，重心左移，成右高虚步；同时，右手握棍随转身上步向右后下挂扫，棍头点地；左臂屈肘，肘尖贴于左肋，左掌前伸，掌心向上。目视右前。（图3-39）

图3-39

（2）两脚向前滑出一步，右手握棍向前撩出，在棍头至前上方之际，上体向左旋转约一周，下盘变成插步势。右手抡棍继续经右向左后下扫，直至棍与胯平，右手置于左大腿根上侧，左掌护于右腕内侧。目视短棍。（图3-40）

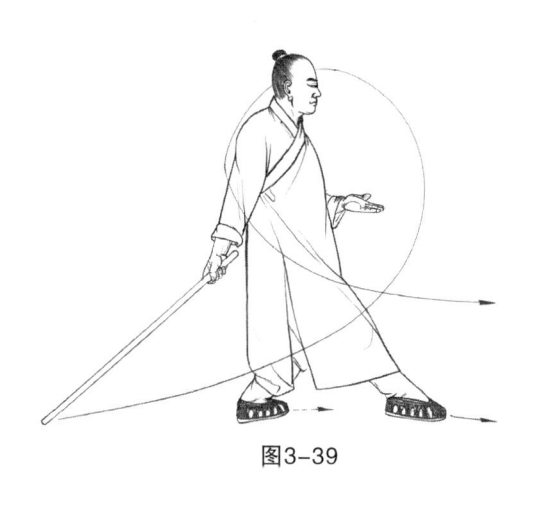

图3-40

二十五、举鞭逐日

【练法】

（1）右脚跟落地，左腿屈膝提起，成右独立步；同时，上体右转，右手握棍举臂过头，左手抱住右手，棍身斜向背后。目视前下方。（图3-41）

图3-41

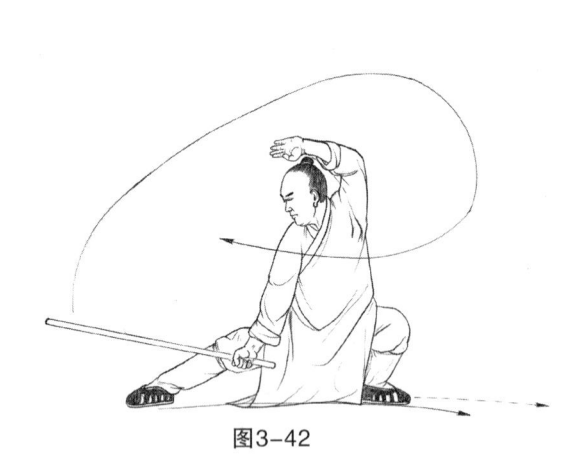

（2）左脚向左外侧落步，屈膝全蹲，右腿伸开成右仆步；同时，左手松开，架臂亮掌于头上，虎口向下，指尖向外；右手抡棍向前下劈击，棍身斜向前上，右手伸臂落至右膝内侧。目视短棍。（图3-42）

图3-42

二十六、顺步照阳

【练法】

起身，右脚向左盖步，左脚向左撤退一步，成左横裆步；同时，右手抡棍向右上、向后、向左再向右前盘旋抡扫，右臂向右伸直，右手约与胸平，棍身斜向前下；左臂屈肘置于左肩前上侧，虎口向下，指尖向右。目视短棍。（图3-43）

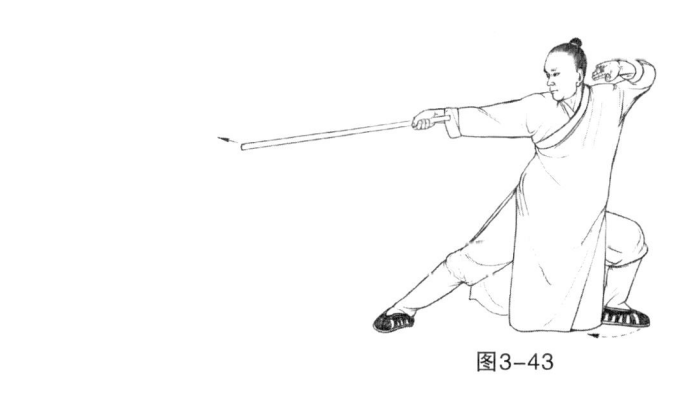

图3-43

二十七、黄龙卧道

【练法】

（1）左脚尖内扣，重心右移于右腿，左腿蹬伸，成右弓步；同时，右手握棍前顶，棍身约与肩平；左掌指尖略下垂，肘尖略上提。目视短棍。（图3-44）

图3-44

93

（2）向左转体约半周，两脚摆扣，成左虚步；同时，右手抡棍向上、向左、向下抡劈，棍头置于右小腿外侧，右臂斜向右后下伸；左掌横臂护于右胸，指尖向上，掌心向右。目视左前。（图3-45）

图3-45

二十八、横扫千军

【练法】

右手抡棍向上、向左经头顶抡转一周之际，右脚向左前方跨上一步，上体迅疾左转约半周，右腿蹬伸，成左弓步；同时，右手握棍再向左前方抡劈，棍身斜向前上，右手斜伸前下，约与腰平；左臂屈肘，左掌置于头部左后，虎口向下，指尖向前。目视短棍。（图3-46）

图3-46

二十九、混元一气

【练法】

身体右转约半周，重心移于左腿，成右高虚步；同时，右手抡棍随转身向右横扫至右后侧，棍身斜向前下，棍头置于右小腿外侧，右手约与胯平；左臂屈肘贴于左肋，左掌心向上。目视前下。（图3-47）

图3-47

图3-48

三十、进步连环

【练法】

（1）左脚上一步成左虚步。目视前下。（图3-48）

（2）动作不停，右脚尖外展，左脚尖内扣，右转体半周，左腿蹬伸，成右弓步；同时，右手抡棍随转身从头顶向右前下方劈出，右臂伸开斜向前下；左臂屈肘上抬，左掌置于左耳侧，虎口向下，指尖斜向前下。目视前下。（图3-49）

图3-49

（3）身体重心移于左腿，右脚内收一步，成右虚步；同时，右手向内旋腕，将棍向左挑至左肩前上，左掌向下按压棍身，使之停在左肩位。此时棍身斜横，左高右低。目视右前下方。（图3-50）

图3-50

（4）左腿蹬劲，右脚前滑一步，成右弓步；同时，右手抡棍向前劈出，棍约与腹平；左臂屈肘抬于头部左后方，左掌置于左耳侧，虎口向下，指尖斜向前下。目视短棍。（图3-51）

图3-51

三十一、黄莺织柳

【练法】

（1）右手抡棍向左横收。随即左脚向前跨一步，右腿蹬伸，成左弓步；同时，右手抡棍向前劈出，棍身约与腹平，右臂伸开斜向前下。目视短棍。（图3-52）

图3-52

（2）左脚内收一步，上体右转半周，重心移于左腿，成右虚步；同时，右手握棍随转身收至右胯后侧，棍身斜向前下；左掌按护于右手前上，掌心向下，指尖向后。目视前方。（图3-53）

图3-53

三十二、黑虎探穴

【练法】

上身右转约半周，两腿扭步；同时，右手抡棍向上、向右后反劈，棍身斜向后上，右手约与腰平，棍头略低于右肩；左臂屈肘上抬，左掌置于左肩前上侧，虎口向下，指尖向右。目视短棍。（图3-54）

图3-54

三十三、黄龙转身

【练法】

动作不停,右手抡棍继续向下、向前从右小腿前向左撩扫而出,棍身约与膝平,右手置于左膝前外侧;左掌护于右虎口上侧,上身前倾左扭,两腿屈蹲成歇步。目视短棍。(图3-55)

图3-55

三十四、飞鼠探林

【练法】

右脚向右前方跨出一步,上身右转,左腿屈膝提起,成右独立步;同时,右手抡棍从后向上,继而向右前方劈击,棍、臂平肩;左掌护于右肩前。目视短棍。(图3-56)

图3-56

三十五、银龙倒挂

【练法】

左脚向右前方落步,右腿迅疾屈膝提起,成左独立步;同时,右手握棍,转环向前下点,棍头指向前下,约与胸平;左掌坐腕立掌,护于右前臂内侧。目视短棍。(图3-57)

图3-57

三十六、降妖归山

【练法】

(1)右脚落步,左脚尖外展,上体左转约半周,重心沉于右腿,成左虚步;同时,右手握棍向左撩起,继而伸臂举于头顶右侧上方,虎口向左,棍身横平;左掌下按,置于左膝上侧,掌心向下,虎口向里。目视前方。(图3-58)

图3-58

（2）步型不变；右手握棍下落收于右腰侧，棍身竖立，棍头拄地于右脚外侧；左掌向前上伸推，指尖向上，掌心向前，腕与肩平。目视左掌。（图3-59）

（3）左掌向右下收，按于右手虎口前。目视左方。（图3-60）

图3-59　　　　　　　　图3-60

（4）右手脱把下垂；左手握棍，向左背棍于左臂后侧；同时，左脚内收，并步正立；目视前方。本套收势。（图3-61）

图3-61

第四章

太和短棍十八势

太和短棍十八势，也叫"太和十八棍"，是武当短棍中的一种九把棍，属道家民间秘技，今首次披露。

太和九把棍，棍身不长，携带便利；善于近战，实用多变；横竖互用，前拥后护；技法精简，易学易练。

有所谓"收如龟伏把劲蓄,动若蛇奔突然去;一动连发防不住,跟踪追击谁能敌"。读者勤加修习,一旦临敌,可突击奇袭,可见缝插针,可捅扎戳捣,可敲砸刺点,自有克敌妙用。

一、预备势

【练法】

两脚并步，正身直立，左手反握短棍，垂于体侧；右掌垂放。目视前方，蓄势待发。（图4-1）

图4-1

二、玄武惊雷

【练法】

（1）左脚向左横开一步，重心移于右腿，屈蹲成左虚步；同时，上体左转，右掌收抱腰际，掌心向上；左手握棍向右、向上、向左经腹前划弧伸向左方，约与肩平。目视左前。（图4-2）

图4-2

第四章　太和短棍十八势

（2）步型不变；左手握棍后收至右肋侧，横于腹前，棍头向左；同时，右手握棍，抱于左手虎口后。目视左前。（图4-3）

图4-3

（3）左转体约90°，右脚收至左脚内侧，脚尖点地，成右丁步；同时，右手握把旋腕，随转身使棍竖于右上臂前侧；左手抱于右手背上。目视右侧。（图4-4、图4-4附图）

图4-4　　　　　图4-4附图

105

（4）右脚向前上一步，左腿蹬伸，成右弓步；同时，右手握棍经体前向下、向右前方撩出，棍身斜垂向下，右手虎口向下，右臂伸开约与肩平；左掌护于右腕下侧。目视短棍。（图4-5）

图4-5

三、风卷莲花

【练法】

（1）承接上势，步型不变；右手握棍转腕，向左、向上划弧，继而向前反劈，棍头约与口平，右臂屈肘竖立于右前侧，右手高过头顶，手心向外，虎口斜向前下；左掌护于右腋外侧，指尖向上，掌心向右。目视前下。（图4-6）

图4-6

（2）步型不变；右手握棍向上、向后，经下向右前划弧一周前撩，右臂前伸，棍约平肩；同时，左掌向左上划，架臂亮掌于头部前上，虎口向下，指尖向右。目视短棍。（图4-7）

图4-7

四、金鸡夺食

【练法】

（1）右脚向后撤退一步，重心移于右腿，成左虚步，同时，右手握棍屈肘，收至右腰后；左手由上下落，手心向下于腹前抓握短棍另一端。目视左前下方。（图4-8）

图4-8

（2）左脚略前移，右腿蹬伸，成左弓步；同时，身体重心前移，右手握棍由腰间向前方推击；左手助力，顺势握棍转至左肋前。目视短棍右端。（图4-9）

图4-9

（3）两手握棍向左上收提，约同胸高，棍身略平；身体随即左转，右腿屈膝提起，成左独立步。目视右前。（图4-10）

图4-10

（4）右脚向前落步，左腿蹬伸，成右弓步；同时，右手向左滑把，两手握棍向前方戳出，右臂前伸，左手位于右上臂内侧。目视短棍右端。（图4-11）

图4-11

图4-12

（5）右弓步不变；左手松把，护于右臂内侧，指尖向上；右手握棍向外翻腕前压，由身体左侧向上、向前劈出，棍斗约与鼻平，棍身斜向前上，右臂略低于肩。目视短棍。（图4-12）

五、雁落平沙

【练法】

（1）身体左转约半周，两脚摆扣，成左弓步；同时，右手握棍由右侧向下、向左前方撩击，棍身平胸；左掌护于右臂内侧，指尖向上。目视短棍。（图4-13）

图4-13

（2）身体右转约90°，左腿屈膝全蹲，成右仆步；同时，右手握棍向下、向右扫击至右膝前方，棍身横平；左掌反划，伸臂斜举于左侧，指尖向上，高过头顶。目视短棍。（图4-14）

图4-14

六、力劈华山

【练法】

（1）重心右移，立起上身，左腿蹬伸，成右弓步；同时，右手握棍划弧运劲至头顶上方，棍头略向下斜；左掌抱握于右手内侧，上体略向前倾。目视前方。（图4-15）

图4-15

图4-16

（2）左脚向前上步，右腿蹬伸，成左弓步；同时，两手握棍向前劈出，两手约与胸平，棍头约与口平。目视短棍。（图4-16）

七、仙子敬香

【练法】

（1）右脚上步，两脚相并，屈膝半蹲；同时，两手握棍下收，停于膝前，棍身斜向前上。头略仰起，目视前方。（图4-17）

图4-17

图4-18

（2）左脚尖勾起向前方蹬出，膝部挺直，脚尖高约平胸，右腿略屈，保持平衡；同时，两手握棍抱于右腰侧，棍身斜向前上。目视前方。（图4-18）

（3）左脚向前落步，右腿蹬伸，成左弓步；同时，两手握棍合力向前横平戳出，棍身平肩。目视短棍。（图4-19）

（4）右脚上步，两脚相并，屈膝半蹲；同时，两手抖腕，使棍头上挑高过头顶，棍身斜向前上，两臂约与肩平。目视短棍。（图4-20）

图4-19

图4-20

八、迎风掸尘

【练法】

（1）右脚后退一步，上体随即右转约90°，两腿屈蹲成右半马步；同时，右手向前滑把，两手握棍向右盖压，左手约与腹平，右手约与胸平，棍身斜向前上，棍头约与喉平。目视短棍。（图4-21）

图4-21

图4-22

（2）动作不停，左垫步进身，仍成右半马步；同时，两手握棍，压棍头，随即向前戳出，棍身约与胸平。目视短棍。（图4-22）

（3）右脚略前移，左脚尖内扣蹬伸，成右弓步；同时，两手滑把转棍，向前上方横格，左手约与颔平，右手置于左前臂内侧，棍头约与眼平。目视短棍。（图4-23）

图4-23

图4-24

（4）左膝略沉；左手用劲，将棍向左外划，使棍身平于左肩，右手置于左肩前。目视短棍。（图4-24）

九、叶底藏花

【练法】

（1）右脚前滑，左腿蹬伸，成右弓步；同时，两手推棍向前上戳出，棍头约与眼平。目视短棍。（图4-25）

图4-25

（2）左脚上前一大步，右腿蹬伸，成左弓步；同时，左手屈肘向后滑把，使两虎口略接，随即两手合力前推，棍头向前上戳出，约与喉平。目视左端。（图4-26、图4-26附图）

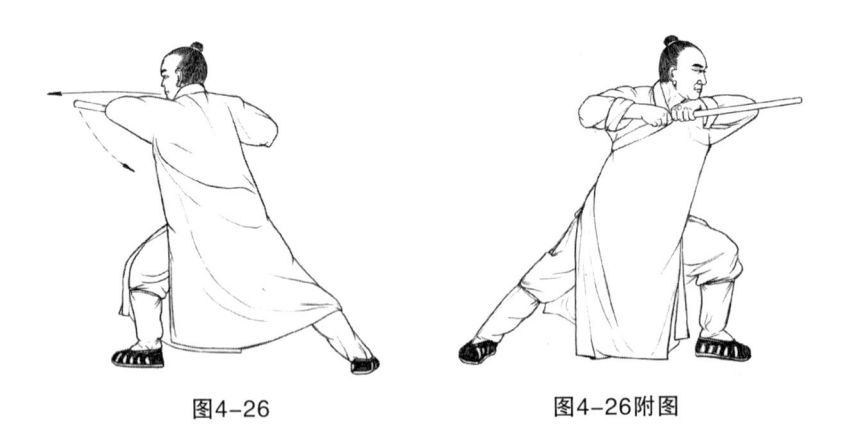

图4-26

图4-26附图

第四章　太和短棍十八势

（3）左弓步不变；身向左转，右手松把，变掌向前插出，掌心向下，高与肩平；左手随之稍外展，约提至左耳高度，屈肘竖臂，棍身竖直。目视右掌。（图4-27）

图4-27

（4）动作不停，左臂前伸，两臂平行；同时，右脚向前蹬踢而出，脚尖上勾，力达脚跟，约与腹平。目视前方。（图4-28）

图4-28

117

十、游龙戏水

【练法】

（1）右脚向前落步，两腿伸立，成右高虚步；同时，右手抓把，左手松把之际，右手略屈臂举棍于头顶，棍身斜向后方；左掌护于右上臂内侧，指尖向上，掌心向外。目视右方。（图4-29）

图4-29

（2）步型不变；右手握棍向前劈下，至约与大腿相平之际，继而向左劈至左大腿外侧，棍身斜向左下。目视下方。（图4-30、图4-31）

图4-30

图4-31

第四章 太和短棍十八势

（3）接着，右手握棍经左侧上举于头顶上方，棍身斜置于左肩之上。目视上方。（图4-32）

图4-32

（4）随即，右手抡棍向右下方劈下，棍约与大腿平；左掌护于右上臂处。目视前下。（图4-33）

图4-33

（5）上体左转，右手伸臂稍提，使短棍斜垂于右后侧；左掌护于右肩前。目视左方。（图4-34）

图4-34

（6）右手握棍随转身向左前扫，当棍头约至左膝前时，弧形向前上撩，右臂伸开平肩，棍身斜向左上；左掌随动。（图4-35、图4-36）

图4-35

图4-36

（7）动作不停，上体右转，右手握棍向左下、向右划弧扫击，继而举于头部右上侧，棍平头顶，棍头向前。随即左掌向前推出，腕约平肩；同时，左脚蹬劲，成右弓步。（图4-37～图4-40）

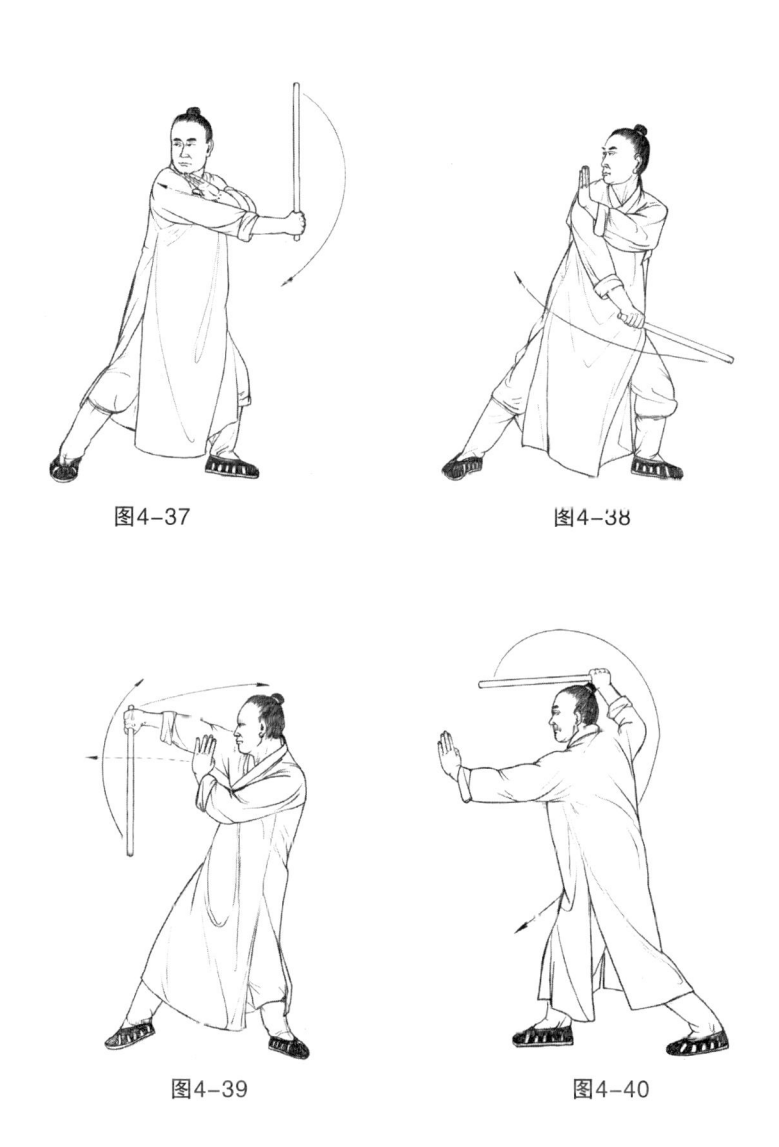

图4-37

图4-38

图4-39

图4-40

（8）身体重心移于左腿，成右高虚步；同时，右手握棍，使棍头向后、向下划弧至右膝前外侧，棍身斜置，右手停于右胯外侧；左掌不变。目视前方。（图4-41）

图4-41

十一、龟蛇嬉戏

【练法】

（1）右脚向左腿后侧插步，脚跟提起，前脚掌撑地；同时，右手握棍随上体左旋向左后扫，棍头约与腰平，右手停于左大腿外侧；左掌下落，护于右手虎口部。目视短棍。（图4-42）

图4-42

（2）上身右转，右脚向前上进一步，左腿蹬伸，成右弓步；同时，右手握棍，由左向右平肩横扫，右臂向前伸开；左掌护于左肋侧，掌心向下，指尖向前。目视短棍。（图4-43）

图4-43

图4-44

（3）步型不变；身体稍右转，右手握棍屈肘回收至右腰后侧，棍身平腰，左掌向右收至右腰际，掌心按压短棍另一端，两虎口相对。目视前方。（图4-44）

（4）身体左转约半周，两腿屈蹲，成骑龙步；同时，左手握棍收至左胸侧；右手握棍向前下压，置于左脚踝内侧，右臂伸开。目视前下。（图4-45）

图4-45

（5）身体右转，左腿伸直，成右弓步；同时，两手握棍向右前方顶出，约与胸平。目视前方。（图4-46）

图4-46

十二、回头望月

【练法】

（1）左脚向前上一步，右腿蹬伸，成左弓步；同时，两手握棍，左手上举，右手在下使棍竖立，用力向前推格而出，两臂前伸。目视短棍。（图4-47）

图4-47

（2）身体重心前移，右腿屈膝提起，成左独立步；同时，右手握棍从左手中抽出，向右下方格出；左手松把，屈臂亮掌于额前，指尖向右，掌心向前。目视短棍。（图4-48）

图4-48

（3）右脚落步震地，左腿屈膝提起，身体左转约一周，成右独立步；同时，右手握棍上举于头顶上方，虎口向前，棍身斜向前下；左掌伸臂下插于左胯后侧，掌心向后，指尖向下。目视前下。（图4-49）

图4-49

（4）左脚向前落步，身体右转约半周，左腿蹬伸，成右弓步；同时，右手握棍由头上方向右劈下，棍身约与胸平；左掌收至左肋侧，掌心向下，指尖向右。目视短棍。（图4-50）

图4-50

十三、凤翅单展

【练法】

（1）身体左转约半周，两脚摆扣，成左弓步；同时，右手握棍向下、向左撩起，约至左方时，手臂内旋挑腕，使棍头在前，右臂用力向前上方挑击，右手约与腹平，棍头约与额平；左掌随转身架臂于头顶前上方，指尖向右，掌心斜向前上。目视短棍。（图4-51）

图4-51

（2）右脚略内收，两腿略上起；同时，上体左转，右手握棍向左后下扫，棍身斜向后下，棍头约与膝平；左掌下落至左腰侧，按住右前臂。目视短棍。（图4-52）

图4-52

（3）右脚上前一步，左腿蹬伸，成右弓步；同时，右手握棍向上、向前劈出，棍身斜向前上，右手伸臂略低于肩，棍头约与口平；左掌护于左腰间，掌心向下，指尖向前。目视短棍。（图4-53）

图4-53

十四、玄龟探首

图4-54

【练法】

（1）承接上势，右弓步不变；右手握棍坐腕使棍头向左，接着右臂屈肘，前臂外旋，右手向左滑把，将小指方向之棍头向前顶出，约与肩平，棍身稍斜。目视棍头。（图4-54）

第四章　太和短棍十八势

（2）步型不变；身体稍向右转，左手前伸抓住另一端棍头，将棍身前推。目视棍身。（图4-55）

图4-55

（3）动作不停，两手握棍用力下压，回收至腹前方。目视棍身。（图4-56）

图4-56

129

（4）左脚跟内收，重心左移，两腿屈蹲成马步；同时，右手松把，变拳迅疾向右崩出，约与肩平，拳眼向上；左手收棍，屈臂抱于左肋侧。目视右拳。（图4-57）

图4-57

（5）左脚向前上步，右腿蹬伸，成左弓步；同时，右拳变掌，后收于腰间，掌心向上；左臂屈肘，将左手小指方向之棍头由左向前扫击而出。目视左前。（图4-58）

图4-58

十五、风扫垂柳

【练法】

（1）身体重心移到右腿，左脚尖内扣，成右横裆步；同时，左手收至右胸前，右手接握棍端，两虎口相对，棍身斜置于腹前。目视左下方。（图4-59）

图4-59

（2）左脚向右前方上一大步，上体右转约一周，左腿蹬伸，成右弓步；同时，左手松把，变掌后撑于体后，掌心向后，指尖斜向前下；右手握棍随转身向右横扫，棍身稍斜向前上，棍头约与鼻平，右臂平肩。目视短棍。（图4-60）

图4-60

（3）身体左转，右脚向左前上一步，左腿蹬伸，成右弓步；同时，右手握棍随转身向前撩击，棍头约与裆平，棍身斜向前下，右手约与上腹平；左掌提肘垂于左腰侧，指尖向下，掌心向前。目视短棍。（图4-61）

图4-61

（4）身体左转约半周，右腿蹬伸，成左弓步；同时，右手握棍由右向上、向前劈击，棍身向前竖立略斜，棍头约与顶平，右手约与上腹平；左掌护于右前臂内侧。目视短棍。（图4-62）

第四章　太和短棍十八势

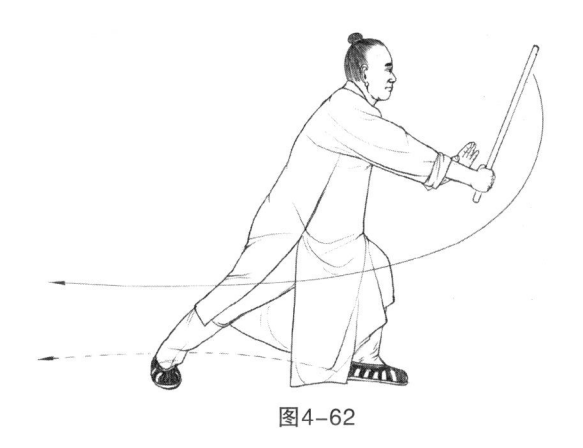

图4-62

（5）左脚向右腿后侧插步；同时，上身向右扭转，右手握棍向下、向后撩出，棍头约与膝平，棍身斜向后下；左臂屈肘，提于右肩前，掌心向下，指尖向后。目视短棍。（图4-63）

图4-63

133

（6）右脚尖内扣，左脚跟落地，成右弓步；同时，右手握棍向下、向右撩击，棍身斜向前上，棍头约与鼻平，右手约与胸平；左臂屈肘，掌心向下，附于右腕内侧。目视短棍。（图4-64）

图4-64

十六、朱雀玄武

【练法】

（1）右脚后撤，并步屈蹲；同时，右手握棍屈肘回收，向右肩后上敲击，棍头约与顶平；左掌屈臂立于右手棍尾前侧，指尖向上，掌心向右。目视前方。（图4-65）

图4-65

第四章　太和短棍十八势

（2）右脚向后退一大步，伸腿蹬劲，成左弓步；同时，右手握棍向前劈出，棍身斜向前上，棍头约与额平；左掌护于右手内侧，上体略前倾。目视短棍。（图4-66）

图4-66

（3）左脚内收半步，重心移于右腿，屈蹲成左虚步；同时，右手握棍后收至右下方，棍身下垂，右手约与胯平；左手立掌，护于右肩前，掌心向右，指尖向上。目视左前。（图4-67）

图4-67

135

（4）左脚撤步，两腿并步屈蹲；同时，右手握棍向前上撩，右手高与胸平，棍身斜向前上，棍头约与额平；左手迅疾前伸，抱住右手内侧。目视短棍。（图4-68）

图4-68

十七、青龙白虎

【练法】

（1）右脚向后绕进一步，上体左转约半周，左腿蹬伸，成右弓步；同时，右手松把向上握住上端，随转身两手推棍前格，棍身竖立于身前，左手在上，约与眼平，右手在下，约与腹平，两虎口相对。目视前方。（图4-69）

图4-69

（2）两脚摆扣，上体左转约半周，右腿蹬伸，成左弓步；同时，两手握棍随转身向左前下推压，棍身约与腹平，上身前倾。目视短棍。（图4-70）

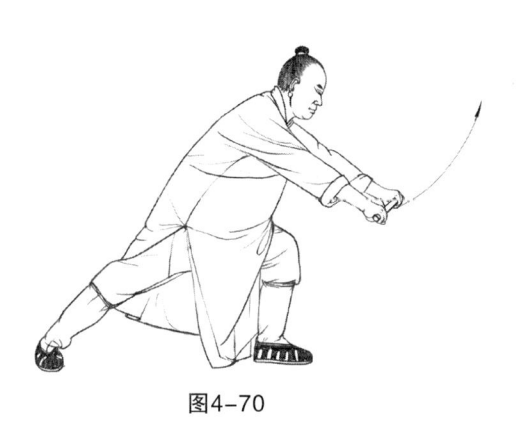

图4-70

（3）动作不停，上身抵起，两手握棍上举，横架于头前上方，两臂伸开。目视棍身。（图4-71）

图4-71

十八、还剑入鞘

【练法】

（1）身体重心右移，右腿屈膝，左腿蹬伸，成右横裆步；同时，右手握棍收至胸前，棍身斜向左上方，棍中段贴于左肩前侧；左手松把护于右手处。头向左转，目视左侧。（图4-72）

图4-72

（2）左脚内收，向前绕步，脚尖点地，成左虚步；同时，两手用力将棍向前推出，棍身平肩，左掌护于右手虎口（如抱拳状）处。目视前方。（图4-73）

图4-73

（3）左脚后撤，两脚并步，正身直立；同时，右手松握成掌，下垂于体侧；左手接棍，反持向下收于左侧。本套收势。（图4-74）

图4-74

第五章

武当三丰棍实战法

本书第二章介绍了三丰棍套路，读者勤练之后，即可掌握其基本技法，熟悉其连环技法。但作为武术器械，仅仅会练是不够的，还要懂得实用之法，在技击时方能有效发挥其防护与杀伤作用。

三丰棍练法虽然只有23势，但如果用于实战，那将演化出来上百招法，鉴于篇幅，本章仅列举一些代表性的战例，供读者参考，举一反三。

有所谓"一寸长一寸强"，如长枪、铁锹等，不但可放长击远，而且力大劲沉。所以，使用短棍对付长械时，必须小心翼翼，全神应付，同时，还要发挥短棍收发灵便、速度快捷、劲法多变、突击性强等优势，化险为夷，反击克敌。

使用招法时，也要讲究战术，如果硬接硬抗，必然被动吃亏。故应顺势借力，借势化力，削弱来劲；或利用身法步法，躲闪腾挪，使敌空发，或后发先至，或同动夺机，或近身发力等。所有战法，皆须勤学苦练，多加体悟，灵活运用。

一、拨草寻蛇（破砍刀劈头）

【用法】

（1）敌方手持单刀，抢步上前，劈向我方头面部。我方迅疾向后坐身，向上挑棍，以左手棍端向外拦格敌方右手内侧。（图5-1）

图5-1

（2）我方格棍击伤敌方右手指之际，迅疾将棍头下划，向左外旋，挑击敌方右大腿下侧。（图5-2）

图5-2

（3）动作不停，我方右腿跪步，翻转棍头，用右手使棍端戳击敌方裆部。（图5-3）

图5-3

二、青龙卷尾（破铁锹劈头）

【用法】

（1）敌方手持铁锹，向我方头部劈打而来。我方来不及躲避，两手迅疾举棍，架住敌方铁锹。（图5-4）

图5-4

（2）随即，我方两手猛推，身向右闪，右脚上步；左手滑把，使棍端向右绕过敌方铁锹。两手抡棍，向前、向左横击敌方左耳。（图5-5）

图5-5

第五章　武当三丰棍实战法

（3）动作不停，我方左手脱把，右手抡棍向右后盘旋一周，向下横扫敌方右膝外侧。（图5-6）

图5-6

三、白虎抖尾（破长枪刺喉）

【用法】

（1）敌方手执长枪向我方咽喉部扎来。我方迅疾向后退步，避其锋芒之际，向上挑棍，外格敌方枪缨段，将敌枪尖化向外门。（图5-7）

图5-7

（2）动作不停，我方右脚进步，棍头前压，抖劲敲击敌方前手手指，致其伤痛松枪。随即两手推棍，以棍头猛劲戳击敌方心窝。（图5-8）

图5-8

四、披荆斩棘（破铁锹戳胸）

【用法】

（1）敌方手持铁锹，抢步上前，戳击我方胸部。我方迅疾向右偏身，两手握棍挑格敌方锹柄，化解敌方攻击。（图5-9）

图5-9

（2）我方运棍向左外上划，棍端划开铁锹，随即抡棍绕过头顶，从右向下斜扫敌方左膝外侧。（图5-10）

（3）动作不停，我方略收棍向左划弧，前扫敌左膝盖。（图5-11）

图5-10

图5-11

五、游龙摆尾(破铁锹横扫头)

【用法】

(1)敌方手持铁锹,向我方头部右侧横扫而来。我方双手提棍,使棍头向下,向右格击敌方在前之左手。(图5-12)

(2)敌方左手指受击,疼痛松劲。我方乘机抡棍,向下扫击敌方左膝外侧。(图5-13)

图5-12

图5-13

（3）动作不停，趁其措手不及，我方顺势反棍撩击，伤其裆部。（图5-14）

图5-14

六、夜行探路（破铁锹劈顶）

【用法】

（1）敌方手持铁锹，抢步上前，向我方头部劈砸而来。（图5-15）

图5-15

149

（2）我方右脚迅疾向左斜跨，上身左闪，避过敌方攻击。（图5-16）

（3）动作不停，我方迅疾向右转身，右脚上步，反棍横击敌方右颈或右耳。（图5-17）

图5-16

图5-17

七、九天揽月（破铁锹横扫头）

【用法】

（1）敌方手持铁锹，抢步上前，横扫我方头部。我方向后挪身，双手持棍，上格敌方锹柄。（图5-18）

（2）动作不停，我方以棍贴住敌方锹柄，顺势向外下压，致其铁锹下落。（图5-19）

图5-18

图5-19

（3）随即，我方左脚垫步，右腿前提，双手猛然向上崩棍，用棍头上挑，戳击敌方咽喉。（图5-20）

图5-20

八、回马扎枪（破铁锹劈头）

【用法】

（1）敌方手持铁锹，抢步上前，劈击我方头部。我方迅疾撤步，沉身举棍，架住敌方劈锹。（图5-21）

图5-21

第五章　武当三丰棍实战法

（2）随即，我方左手上举，用棍身中段贴压敌方锹柄，向右下转落。（图5-22）

（3）动作不停，我方不待敌方收手，右脚插步，迅速贴近敌身，以左手棍头扎击敌方下腹。（图5-23）

图5-22

图5-23

153

九、棍打狼头（破铁锹捅脸）

【用法】

（1）敌方手持铁锹，抢步上前，捅击我方脸部。我方迅疾闪身，同时，用棍由右向左格击敌方锹柄，化开敌方攻击。（图5-24）

（2）随即，我方向左转身，左脚后插一步，左手脱把，右手持棍抡转，经左肩向后敲打敌方头部。（图5-25）

图5-24

图5-25

（3）动作不停，我方右手抡棍向右盘旋，经右肩向下敲打对方头部。（图5-26）

图5-26

十、杖敲椰梅（破铁锹斜劈头）

【用法】

（1）敌方手持铁锹，抢步上前，劈砸我方头部。我方撤步沉身，两手握棍，从左向右反格敌方锹柄，将其打偏。（图5-27）

图5-27

155

（2）随即，我方左手脱把，右手抡棍划弧向下反扫敌方左小腿内侧。（图5-28）

（3）动作不停，我方右手抡棍上翻劈击敌方头面，同时向右倾身，左腿屈膝提起。（图5-29）

图5-28

图5-29

十一、渔郎花鞭（破铁锹扫腿）

【用法】

（1）敌方手持铁锹，急上右步，横扫我方腿部。我方迅疾撤步，避敌铁锹锋芒之际，右手握棍下格。（图5-30）

（2）随即，我方前滑步，右手转棍上起，横击敌方右颈。（图5-31）

图5-30

图5-31

（3）动作不停，我方右手向下收棍，迅猛向上绕转，横扫敌方左耳或左颈。（图5-32）

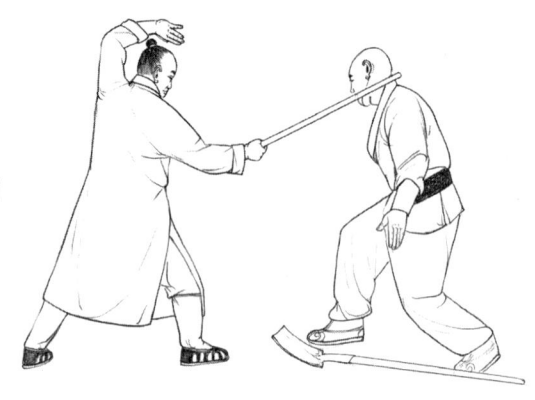

图5-32

十二、青龙竖尾（破铁锹铲腿）

【用法】

（1）敌方手持铁锹，猛然进身，铲击我方右小腿。我方左步急退，右脚提起避过。（图5-33）

图5-33

（2）我方右脚迅疾向前踏落，右手抡棍向前劈击敌方头顶。（图5-34）

（3）动作不停，我方随即沉身，收手绕弧由下向前上挑，用棍头点击敌方咽喉。一旦中敌，左手协助，两手握住棍端再向前推劲。（图5-35）

图5-34

图5-35

十三、南岩问道（破铁锹横扫头）

【用法】

（1）敌方手持铁锹，从左向右横扫我方头部。我方迅疾退步沉身，竖棍向右格挡敌方锹柄。（图5-36）

图5-36

（2）随即，我方短棍向右外压敌方锹柄，并贴其锹柄向前滑击敌方持柄前手。敌方松手之际，我方迅疾左手脱把，右手抡棍扫击敌方脑后。（图5-37）

图5-37

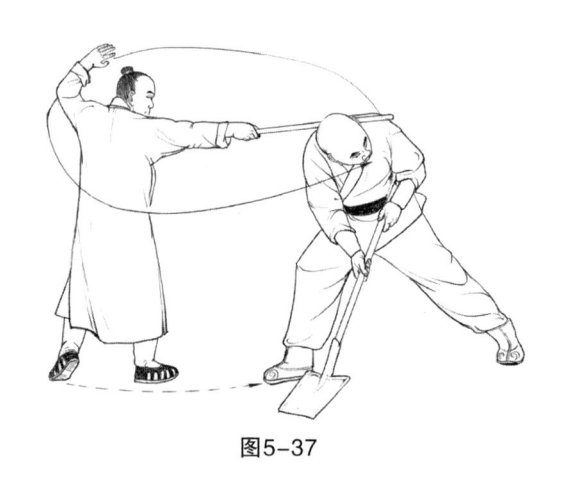

（3）动作不停，我方左脚向后插步，向左转身，右手抡棍旋扫敌方前胸。（图5-38）

图5-38

十四、苏秦背剑（破铁锹拦腰扫）

【用法】

（1）敌方手持铁锹，抢步上前，横扫我方右腰。我方迅疾跪步沉身，两手分握短棍斜背于后，挡架敌方铁锹。（图5-39）

图5-39

（2）随即，我方右手脱把，左手抡棍，向左前横扫敌方右耳或颈部。（图5-40）

（3）动作不停，我方左手翘腕，将棍向怀内收回，右手迅疾接把，左脚向前跨进，以左手棍头前戳敌方心窝。（图5-41）

图5-40

图5-41

十五、玄武搅浪（破铁锹铲喉）

【用法】

（1）敌方手持铁锹，抢步上前，向我方咽喉铲击而来。我方左脚盖步，向右偏身，避敌锋芒之际，两手迅疾反握短棍，用左手棍身反格敌方锹柄，向左外下抖压。（图5-42）

图5-42

（2）随即，我方左脚向前一步，左手棍头向前划弧，横扫敌方后脑。（图5-43）

图5-43

（3）动作不停，我方将棍头向左一转，向右上搅，猛劲挂击敌方咽喉。（图5-44）

图5-44

十六、天柱峰立（破铁锹铲腹）

【用法】

（1）敌方手持铁锹，抢步上前，铲击我方腹部。我方左脚盖步，向右偏身，避过敌锹锋芒之际，两手正握短棍，上身左拧，迅疾用左手棍身砸压敌方锹柄。（图5-45）

图5-45

（2）随即，我方快速向右转身，左手脱把，右手抡棍，劈击敌方头顶。（图5-46）

（3）动作不停，我方右手抡棍，绕旋一周，横扫敌方头部。（图5-47）

图5-46

图5-47

十七、金鸡独立（破铁锹扫腿）

【用法】

（1）敌方手持铁锹，抢步上前，抡锹横扫我方小腿。我方左脚撤步，右腿提起，避过敌锹同时，右手中握，下格敌方锹柄，向右外化劲。（图5-48）

（2）随即，我方右脚向前落步，棍头前挑，左手接把前推，用右手棍头戳击敌方咽喉。（图5-49）

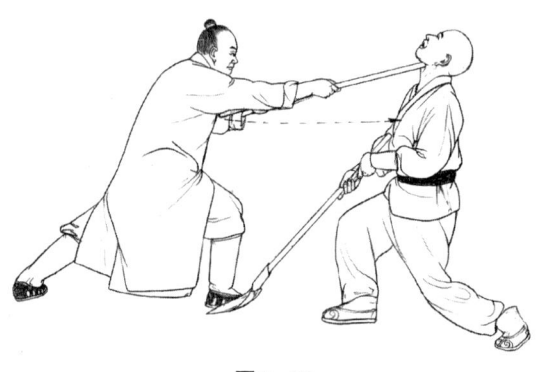

图5-48

图5-49

（3）动作不停，我方迅疾转把，用左手棍头戳击敌方心口。（图5-50）

图5-50

十八、仙人指路（破铁锹扎胸）

【用法】

（1）敌方手持铁锹，抢步上前，扎向我方胸部。我方左脚后撤一步，迅疾向后挪身，避过敌锹锋芒；同时，右手中握，直臂伸棍，用右手前段棍身向右外斜压敌方锹柄。（图5-51）

图5-51

（2）随即，我方格落敌锹之机，右手转棍（可稍向后滑把，增加攻击长度），向前抢劈敌方头顶。（图5-52）

（3）动作不停，我方右手握棍，再度抢转前劈敌头。（图5-53）

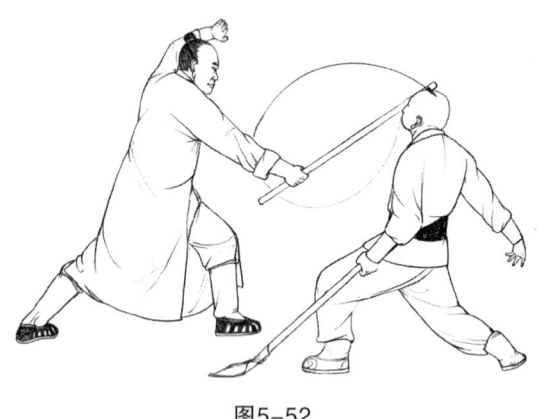

图5-52

图5-53

第五章 武当三丰棍实战法

十九、风卷残云（破铁锹劈面）

【用法】

（1）敌方手持铁锹，抢步上前，向我劈头盖脸而来。我方迅疾撤步，向左旋身，避过敌锹锋芒之际，两手正反握棍，向左格敌锹柄，向外推开。（图5-54）

图5-54

（2）随即，我方左手脱把，右手抡棍绕身一周，猛力向敌方头部左侧横扫。（图5-55）

图5-55

（3）动作不停，我方右手抡棍下划，反棍斜劈敌方左手打掉其锹。（图5-56）

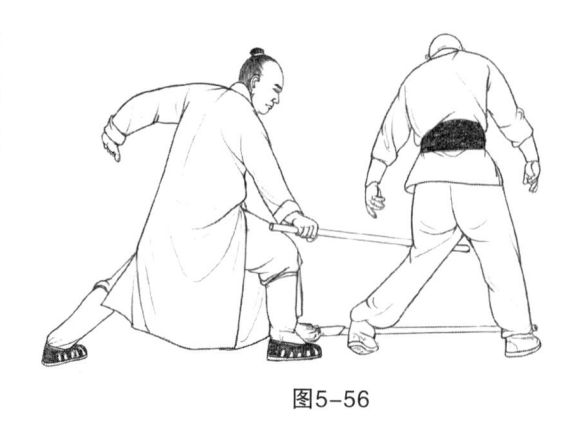

图5-56

二十、霸王观阵（破铁锹扫头）

【用法】

（1）敌方手持铁锹，抢步上前，向我方头部右侧横扫而来。我方迅疾后撤，避过敌锹锋芒之际，右手正握，竖棍上挑，用棍身中段拦格敌方锹柄。（图5-57）

图5-57

（2）随即，我方左手接握棍端，两手运劲，粘住敌方锹柄向右外压落。（图5-58）

（3）动作不停，我方左手脱把，右手抡棍，猛力向前扫击敌方头部。（图5-59）

图5-58

图5-59

二十一、太公钓鱼（破铁锹扫头）

【用法】

（1）敌方抢步上前，手持铁锹，做旋风舞，攻击我方头部。我方连连退步，仰身闪躲。（图5-60）

（2）敌锹刚过之际，我方瞅准时机，两手握棍，速以棍头点扎敌方右脚。（图5-61）

图5-60

图5-61

（3）动作不停，跟踪追击，两脚滑步，棍突上挑，刺敌咽喉。（图5-62）

图5-62

第六章
武当太和棍实战法

　　本书第四章介绍了太和短棍十八势的套路，本章进一步介绍其实战法。

　　起势（预备势）与收势（还剑入鞘）为套路所需，没有技击作用，所以太和棍实战法中除去此两势，乃有16招。今即略举战例，献于同道。

　　太和棍是九把棍，乃"短中之短"，相对于十三把棍与长棍而言，棍身较短，力量不足，非技法精湛者不能得心应手，对付长械尤显不足，所以本章招法主要介绍其对付空手之敌。

不论对付长械，或是对付拳脚，九把棍实战中都非常需要步法的协助。如进步、退步、绕步、闪步、连步等，进攻时方能贴近敌方，有打必到，不至落空；防守时方能轻松化解，来击可破，不至被动。而且需要手法的配合，如滑把、变把、合把等，因势而变，方能得手，使棍能中。有时候还需要连环击打，不中敌不停，不伤敌不止，方为万全。

一、玄武惊雷

【用法】

（1）敌方抢步上前，突发右鞭腿向我方左腰踢击而来。我方迅疾后撤，沉身下坐，右手抡棍，格击敌方右脚踝部。（图6-1）

图6-1

（2）动作不停，我棍格击之后，右手迅疾前抖，用棍头抖劲点击敌方裆部。（图6-2）

图6-2

二、风卷莲花

【用法】

（1）敌方右进步，右冲拳直击我方面部而来。我方向后挪身，右手握棍上提，反架敌方右臂。（图6-3）

图6-3

（2）动作不停，我方右手迅疾转棍，向前斜劈敌方左耳。（图6-4）

图6-4

三、金鸡夺食

【用法】

（1）敌方进身，突发右低鞭腿，踢击我方右小腿。我方右腿迅疾提起，避过敌方攻击。（图6-5）

图6-5

（2）我方乘敌腿劲刚过，右脚迅疾向前落步，用右手棍头戳击敌方胸部。敌方退步，吞身避躲。（图6-6）

（3）我方右手前抢棍，猛劲下劈敌方头部。（图6-7）

图6-6

图6-7

四、雁落平沙

【用法】

（1）敌方左脚上步，突发右高鞭腿，踢击我方头部。我方迅疾撤步，右膝下沉，向左倾身。（图6-8）

（2）不待敌腿变招，我方右手扫棍，向前下横击敌方左脚踝部。（图6-9）

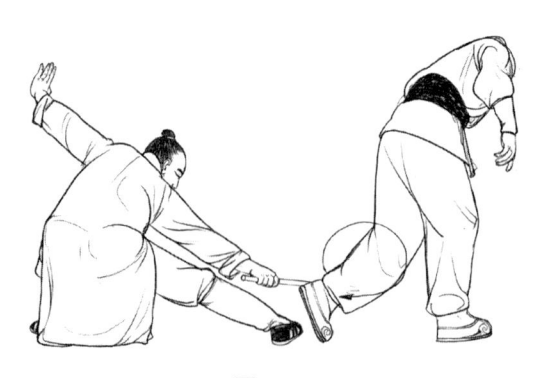

图6-8

图6-9

（3）动作不停，我方右手转棍，再度横击敌方左踝。（图6-10）

图6-10

五、力劈华山

【用法】

（1）敌方右脚进步，向前俯身，右冲拳击打我方腹部。我方退步吞腹，避过敌拳，同时举棍，准备反击。（图6-11）

图6-11

（2）动作不停，我方两手握棍，猛劲向前下劈敌方头顶。（图6-12）

图6-12

六、仙子敬香

【用法】

（1）敌方右脚进步，右冲拳击打我方脸部。我方收步蹲身，避过敌拳。（图6-13）

图6-13

（2）不等敌方变招，我方借势蹬起左脚，重创敌方腹部。（图6-14）

（3）动作不停，我方左脚收落，两手握棍，前戳敌方心口。（图6-15）

图6-14

图6-15

（4）随即我方两手坐腕，上挑棍头，点刺敌方咽喉。（图6-16）

图6-16

七、迎风掸尘

【用法】

（1）敌方左脚进步，右拳冲击我方胸部。我方向后退步之际，两手握棍，格击敌方右腕。（图6-17）

图6-17

第六章　武当太和棍实战法

（2）我方一格即发，顺敌右臂向前送棍，前戳敌方咽喉。（图6-18）

（3）动作不停，我方转棍换把，用棍身横击敌方右颈。（图6-19）

图6-18

图6-19

八、叶底藏花

【用法】
（1）我方左手中握短棍，向前横击敌方左耳。敌方左臂竖起，格挡我方攻击。（图6-20）

图6-20

（2）我方迅疾转把，右手抓棍助力，用左手侧棍端横击敌方左臂，致其剧疼失力。（图6-21）

图6-21

（3）动作不停，我方左脚垫步，右脚弹踢敌方裆部。（图6-22）

图6-22

九、游龙戏水

【用法】

（1）我方右手握棍，向前斜扫敌方右肋。敌方向后滑步，用右臂硬性拦截我方棍身。（图6-23）

图6-23

（2）我方左脚迅疾上步，右手向上翻棍，反扫敌方右耳。（图6-24）

（3）动作不停，我方右手划棍，迅疾向下斜劈敌方左大腿根。（图6-25）

图6-24

图6-25

十、龟蛇嬉戏

【实战举例一】

（1）敌方右脚进步，右拳横扫我方头部。我方迅疾向左转身，背对敌方之际，用左手使棍头戳击敌方小腹。（图6-26）

图6-26

（2）动作不停，我方迅速右转，面对敌方之际，左手脱把，右手握棍猛劈敌方头部。（图6-27）

图6-27

【实战举例二】

（1）敌方进步，右鞭腿扫踢我方左肋。我方右脚闪步，上体左转，双手正反握棍，挡住敌方扫腿。（图6-28）

（2）动作不停，我方右手滑把，棍头戳击敌方小腹。（图6-29）

图6-28

图6-29

十一、回头望月

【用法】

（1）敌方上步进身，左鞭腿扫踢我方右小腿。我方右腿提起，避过敌方腿击之际，右手抡棍，向下斜劈敌方左脚。（图6-30）

图6-30

（2）动作不停，我方右脚踏落，右棍上翻，劈击敌方面门。（图6-31）

图6-31

十二、凤翅单展

【用法】
（1）敌方上步进身，右脚撩踢我方裆部。我方迅疾后滑，避过敌脚之际，右手抡棍斜劈敌方右小腿内侧，阻截敌方腿击。（图6-32）

图6-32

（2）动作不停，我方右步速进，右手翻棍，向前劈击敌方头顶。（图6-33）

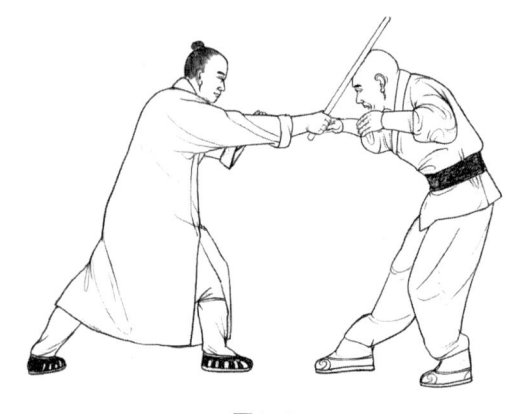

图6-33

十三、玄龟探首

【用法】

（1）敌方上步进身，右脚蹬踢我方胸部。我方两手正反握棍，从上向下拦压敌方小腿，化解敌劲。（图6-34）

（2）动作不停，我方两手猛然抖劲推棍，将敌方右腿震落，致其疼痛失力。（图6-35）

图6-34

图6-35

（3）随即起身，用右手侧棍头戳击敌方心口。（图6-36）

图6-36

十四、风扫垂柳

【用法】

（1）敌方上步进身，右脚侧踹我方小腹。我方右脚撤步，向右偏身，两手握棍，下砸敌方右脚。（图6-37）

图6-37

（2）随即我方左手脱把，右脚向左后插步，向右转身一周，右手抡棍，反扫敌方脑后。（图6-38）

（3）动作不停，我方向内旋棍，顺势向下斜劈敌方右膝，致其难动。（图6-39）

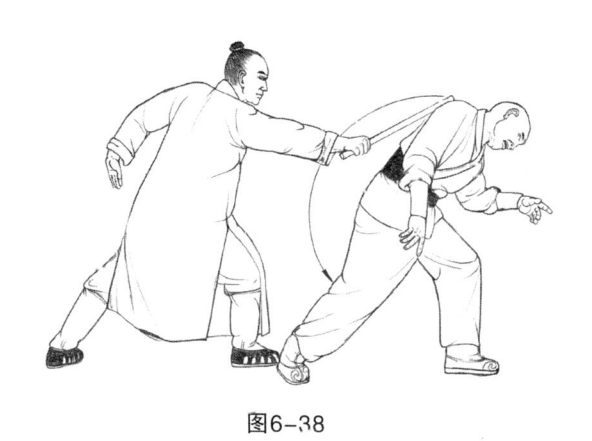

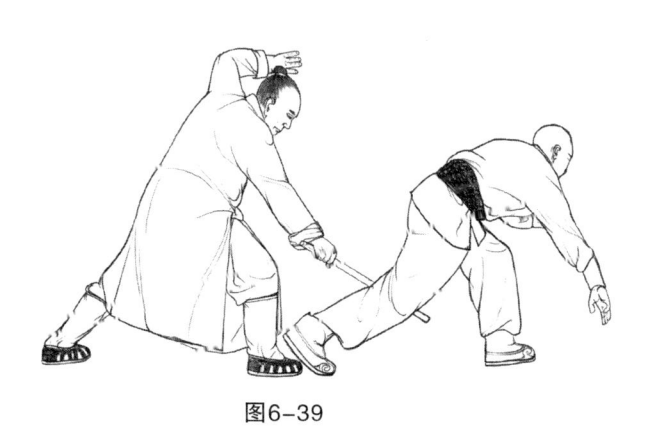

图6-38

图6-39

十五、朱雀玄武

【用法】
（1）敌方右脚进步，右拳冲击我方面部。我方迅疾收步蹲身，避过敌拳，两手握棍向右后扬起，准备发力。（图6-40）
（2）随即我方右脚撤步，上身前倾，两手握棍，劈向敌方头顶。敌方向左偏身，避过我方棍击。（图6-41）

图6-40

图6-41

（3）敌方反击，左鞭腿扫踢我方右肋。我方两脚后滑，避敌腿击，左手脱把，用右手棍身向右下侧挂击。（图6-42）

（4）动作不停，我方右脚速进，并步蹲身，左手握棍，两手合力，棍头向前上挑，戳击敌方心口。（图6-43）

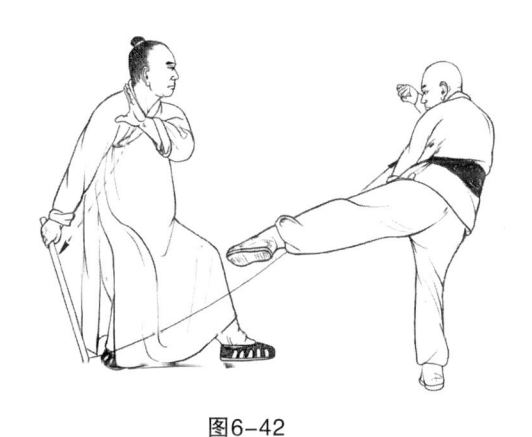

图6-42

图6-43

十六、青龙白虎

【用法】

（1）敌方进步，右脚弹踢我方心口。我方稍撤，两手握棍，用棍中段下压敌方右脚。（图6-44）

图6-44

（2）随即，我方右脚跨步，两手握棍，推挤敌方前胸。敌方落步，仰身避过。（图6-45）

图6-45

（3）动作不停，我方左手脱把，右手抡棍，劈击敌方头部。（图6-46）

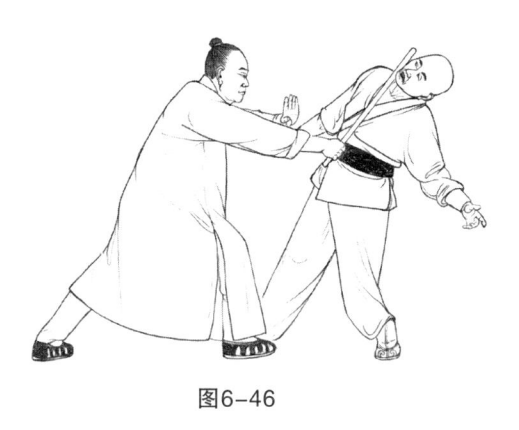

图6-46

第七章

武当短棍破短刀

短刀有刃,一中即伤,非同小可,所以,遇到短刀来袭,不得有半点疏忽。

本章介绍几招常见的短棍破短刀法,若被恶徒短刀攻击时,可用来破解反击、防身解危。

实战时，或利用短棍长度超过刀的优势，先发制人，一招制敌；或佯攻诱敌，迫其防守；或拦截封门，不让敌进；或后发制人，乘机反击；或顺势击敌之手，致其刀落。各种战术，皆在于读者熟练、灵活运用。

一、破刀刺胸

【用法】

（1）双方对峙，敌方右手前持短刀，我方左手背握短棍。（图7-1）

图7-1

（2）敌方两脚猛然向前滑步，用刀刺向我方胸部。我方右手迅疾从左手接过短棍，向前内格敌方右臂，阻截敌方攻击。（图7-2）

图7-2

第七章 武当短棍破短刀

（3）不停，我方右步迅疾上进，右手握棍反弹，敲击敌方耳门。（图7-3）

图7-3

二、破刀刺喉

【用法】

（1）敌方手持短刀，右脚上步进身，向我方咽喉刺来。（图7-4）

图7-4

203

（2）我方上身略向左旋之际，右手握棍内格敌方右臂内侧，致其腕伤。（图7-5）

（3）随即，我方右手抡棍顺势前崩，敲击敌方头顶。（图7-6）

图7-5

图7-6

（4）动作不停，我方紧随踢出右脚，撩击敌方裆部。（图7-7）

图7-7

三、破刀刺腹

【用法】

（1）敌方手持短刀，右脚上步，向我方腹部刺来。（图7-8）

图7-8

（2）我方向左旋身之际，右手握棍撩击敌方右腕，致其腕伤，使刀掉落。（图7-9）

（3）随即，我方右手旋棍，斜劈敌方右肘。（图7-10）

图7-9

图7-10

（4）动作不停，我方右手提棍，再度斜劈敌方头部左侧。（图7-11）

图7-11

四、破刀横砍左颈

【用法】

（1）敌方手持短刀，右脚上步进身，用刀横砍我方左颈。（图7-12）

图7-12

（2）我方右脚迅疾撤步，沉身后坐，避过敌刀锋芒。（图7-13）

（3）随即我方左脚向左闪步，绕向敌方右侧，右手抡棍迅疾反扫敌方脑后。（图7-14）

图7-13

图7-14

五、破刀劈面门

【用法】

（1）敌方手持短刀，左脚上步，向我方面门劈砍而来。（图7-15）

图7-15

（2）我方迅疾沉身，避刀之锋，右脚随即上步，两手握棍，以右手棍头戳击敌方脐部。（图7-16）

图7-16

（3）动作不停，我方左脚滑步起身，右手抡棍，向上敲击敌方额部。（图7-17）

图7-17

六、破刀斜劈肩颈

【用法】

（1）敌方右脚上步，手举短刀，欲向我方左颈斜砍而来。（图7-18）

图7-18

第七章 武当短棍破短刀

（2）我方迅疾向下沉身，右脚向前仆步，右手握棍向下反扫敌方右膝外侧。（图7-19）

（3）动作不停，我方起身，右手抡棍，反劈敌方头部右侧。（图7-20）

图7-19

图7-20

七、破刀下扫砍

【用法】

（1）敌方手持短刀，上步潜身，向我方左膝外侧斜砍而来。（图7-21）

（2）我方左脚迅疾向右盖步转身一周，右手握棍顺势发力，挂击敌方右腕外侧。（图7-22）

图7-21

图7-22

（3）动作不停，我方右手向上翻棍，横击敌方右耳。（图7-23）

图7-23

八、破刀身后劈头

【用法】

（1）我方在走步中，发现敌方手持短刀从身后赶来，举起短刀，欲行劈砍我方头颈。（图7-24）

图7-24

（2）我方左脚向左前上一步，向右急转身，右手竖棍，格击敌方右臂，化解敌刀。（图7-25）

图7-25

（3）动作不停，我方借格击之势，迅疾将棍前扫敌方鼻部。（图7-26）

图7-26

九、破刀刺后腰

【用法】

（1）敌方手持短刀，从我方身后赶来，直刺我方后腰。（图7-27）

（2）我方惊觉，两脚前滑，急忙躲过，随即向右转身，右手抡棍猛劈敌方头顶，将其打倒。（图7-28）

图7-27

图7-28

第八章
武当短棍点穴法

拳谚曰:"枪怕摇头,棍怕点。"点棍令人防不胜防,但因棍两端圆平,不如枪剑锋利,所以,棍法之点击,重在突袭敌方要穴。

武当短棍点穴法，靠身近战，见缝插针，劲路多变，坚硬有力，不易防范，非常实用。

本章略举数例，仅供读者参考。

一、喜鹊夺巢点天突

【用法】
（1）敌方手持长棍，向我方头顶劈来。我方迅疾吞身，两手正握短棍，从右向左拦格敌棍前段。（图8-1）

图8-1

（2）动作不停，我方左脚进步，棍身弹压敌棍，棍头迅速前绕，戳击敌方喉下天突穴。（图8-2）

图8-2

二、大蟒吐信点鸠尾

【用法】

（1）我方举棍，劈击敌方头部。敌方双手举棍架住，阻截我方棍击。（图8-3）

（2）我方左脚略收，随即向前踏步，棍头划转向下，戳击敌方胸部鸠尾穴。（图8-4）

图8-3

图8-4

三、退步挑灯点气海

【用法】

（1）敌方右脚进步，左手握棍身横扫我方右肋。我方右脚迅疾撤步，向右旋身，屈蹲成马步，两手将棍竖于身前，拦截敌方棍击。（图8-5）

（2）动作不停，我方两手推棍，将敌棍推向外门，左手顺势前端，棍头上起，点戳敌方下腹气海穴。（图8-6）

图8-5

图8-6

四、泰山压顶点印堂

【用法】

（1）我方抡棍，劈向敌方头顶。敌方两手举棍架住，阻截我方攻击。（图8-7）

（2）我方迅疾收棍前崩，用棍头挑挂敌方握棍之左手，使其棍脱手。（图8-8）

图8-7

图8-8

（3）动作不停，我方棍头前戳，点击敌方眉心印堂穴。（图8-9）

图8-9

五、古树盘根点下脘

【用法】

（1）我方挺棍，扎向敌方面部。敌方向后坐身，向上挑棍，拦格我方棍之前段内侧，阻截我方攻击。（图8-10）

图8-10

（2）我方顺势向下落棍，下扫敌方右膝关节。（图8-11）

（3）动作不停，我方迅疾收棍，继而上右步，棍头上挑，点戳敌方上腹下脘穴。（图8-12）

图8-11

图8-12

六、海底腾龙点曲骨

【用法】

（1）我方抢步上前，棍头扎击敌方小腹。敌方吞腹俯身，双手推棍压住我方棍身。（图8-13）

图8-13

（2）我方两手抖劲，向上弹挂敌棍，向左横挑，致使敌方右手脱把。（图8-14）

图8-14

（3）动作不停，我方迅疾向下划棍，向前点戳敌方裆上曲骨穴。（图8-15）

图8-15

七、雪花盖顶点期门

【用法】

（1）我方抢步上身，右手抡棍，劈向敌方头面部。敌方退步坐身，右手握棍身，挑格我棍前端，阻截我方攻击。（图8-16）

图8-16

（2）我方迅疾挑棍下绕，转过棍头，点向敌方右肋期门穴。（图8-17）

图8-17

八、将军卸甲点阳陵

【用法】

（1）敌方持棍，向我方头部劈来。我方迅疾向后吞身，右手抡棍反弹敌方右腕。（图8-18）

图8-18

（2）敌腕受击脱把。我方顺势向下斜劈，用棍头敲击敌方右膝外侧阳陵泉穴。（图8-19）

图8-19

九、乌龙出洞点膻中

【用法】

（1）敌方两手握棍，正欲向我方打来。我方后发先至，右手抡棍，猛然劈击敌方右手，使其剧疼脱把。（图8-20）

图8-20

（2）动作不停，我方右手抢棍，内旋上挑，点击敌方心口膻中穴。（图8-21）

图8-21

十、老汉打坐点神阙

【用法】

（1）我方抢先进攻，右步跨进，两手握棍，以左手棍身向前盖压敌方头部。敌方左步后退，两手握棍，向前托架我棍。（图8-22）

图8-22

（2）动作不停，我方迅疾前滑，两手滑把，以右手棍头反穿，戳点敌方腹部神阙穴。（图8-23）

图8-23

十一、退步搅海点玉堂

【用法】

（1）敌方持棍，向我方头部劈击。我方迅疾后撤，向上挑棍，用左手带棍身向左外拦格敌方棍身，向外化劲，使之偏离。（图8-24）

图8-24

（2）动作不停，我方右脚跨上一步，向左转身，以右手带棍头戳击敌方胸部玉堂穴。（图8-25）

图8-25

十二、当头一棒点神庭

【用法】

（1）我方右手抡棍，劈击敌方头部。敌方两手握棍向前上架，阻截我方攻击。（图8-26）

图8-26

（2）我方左脚迅疾进步，左手下按棍身中段，猛劲压落敌方棍身。（图8-27）

（3）动作不停，我方两手推棍前戳，点击敌额部神庭穴。（图8-28）

图8-27

图8-28

十三、上步捣巢点天突

【用法】

（1）敌方举棍，欲向我方头部劈来。我方迅疾起棍，挑击敌方右手，致使敌方右手脱把。（图8-29）

图8-29

（2）动作不停，我方压棍，将左手棍头前戳，伤其喉下天突穴。（图8-30）

图8-30

十四、苏武牧羊点云门

【用法】

（1）敌方持棍，劈向我方头部。我方迅疾后坐，两手握棍上挑，拦格敌棍内侧，向左外化劲。（图8-31）

图8-31

（2）动作不停，我方右脚速进，两手滑把，用右手棍头戳点敌方右肩云门穴。（图8-32）

图8-32

十五、老君拂尘点华盖

【用法】

（1）敌方进步，两手握棍，劈击我方头部。我方迅疾上挑，用右手握棍身向左拦格敌方棍身内侧。（图8-33）

（2）我方压住敌方棍身向左、向下、向右划圆，致使敌棍被我棍粘住转动。（图8-34）

图8-33

图8-34

（3）我方棍头绕至敌方正面之际，用右手使棍头猛然前扎，点击敌方胸前华盖穴。（图8-35）

图8-35

十六、退步搜裆点中极

【用法】

（1）我方上步进身，右手端棍，劈击敌方头部。敌步前弓，两手举棍，架住我方棍身，阻截我方棍击。（图8-36）

图8-36

（2）我方随即向左转身，左脚向后插步，棍头下划，反身戳击，伤敌下腹中极穴。（图8-37）

图8-37

十七、上步杀威点曲池

【用法】

（1）我方右手抡棍，反扫敌方右膝外侧。敌方退步，避过我棍。（图8-38）

图8-38

（2）敌方转棍，用左手棍身横击我方头部右侧。我方迅疾退身，右手持棍左划，左手接住向右外推，两手挺棍，架住敌方棍击。（图8-39）

（3）动作不停，我方反击，左手顺势脱把，右手乘机抡棍，格击敌方左肘曲池穴。（图8-40）

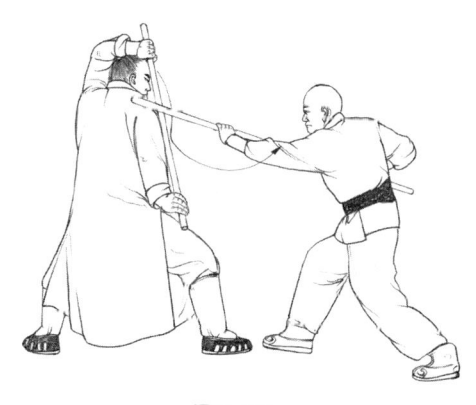

图8-39

图8-40

十八、单凤贯耳点太阳

【用法】

（1）敌方两手握棍，棍身向下斜扫我方右腿。我方迅疾后撤，右手握棍身下划，外格敌方棍身，阻截敌方攻击。（图8-41）

图8-41

（2）动作不停，我方右手用劲前挑敌方左手，逼迫敌手外闪，随即以右手棍头向上、向左横敲敌方左额太阳穴。（图8-42）

图8-42

十九、上步撩棍点会阴

【用法】

（1）敌方上步，两手握棍，右手握棍身横扫我方左肋。我方迅疾撤步，屈膝下蹲，双手竖棍，向左拦格敌方棍身。（图8-43）

图8-43

（2）动作不停，我方双手猛然推开敌棍之际，双手滑把，用右手棍头前撩，挑击敌方裆下会阴穴。（图8-44）

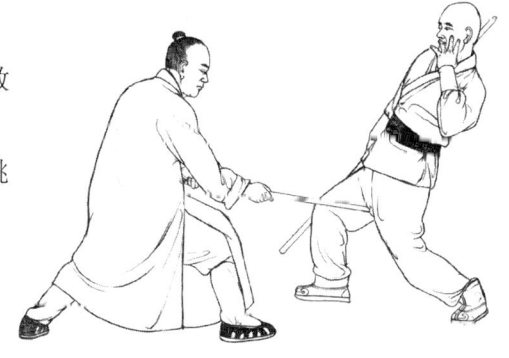

图8-44

二十、挂地盘龙点章门

【用法】
（1）我方握棍，前戳敌方前胸。敌方两手向右挑棍，向右外拦截我方棍身前段，迟滞我方进攻。（图8-45）

图8-45

（2）敌方向内绕棍，下划外挂，攻击我方左脚踝关节。我方迅疾屈膝提起，避过敌棍；同时，向内划棍，向下反格敌棍内侧，用劲向外弹开。（图8-46）

图8-46

第八章　武当短棍点穴法

（3）动作不停，我方左脚向前落步，左手棍头顺势前挑，戳点敌方右肋章门穴。（图8-47）

图8-47

二十一、回身戳棍点关元

【用法】

（1）敌方两手握棍，用左手使棍头突向我方咽喉刺击而来。我方迅疾向左偏身，沉身下坐，用右手握棍身格击敌方棍身，使其向左外翻弹开。（图8-48）

图8-48

241

（2）随即，我方上身左转约半周，两手滑把，顺势用左手使棍头戳击敌方下腹关元穴。（图8-49）

图8-49

二十二、一将挡关点剑突

【用法】

（1）敌方进身，用右手端棍身横扫我方头部。我方迅疾后撤，跪步沉身，左手使棍身上挑，拦格敌棍前段，阻截敌方攻击。（图8-50）

图8-50

（2）随即我方右脚上步，两手滑把，用右手使棍头戳击敌方前胸。敌方向下压棍，阻截我方棍击。（图8-51）

（3）动作不停，我方左脚进步，两手迅疾滑把，用左手使棍头自下向前上挑，推棍前戳敌方剑突（鸠尾骨）。（图8-52）

图8-51

图8-52

二十三、朝天捅鼓点廉泉

【用法】

（1）敌方进身，用左手握棍身劈击我方头部。我方用左手握棍身迅疾上挑，拦格敌棍。（图8-53）

（2）随即我方棍身贴住敌棍猛然下滑，剃击敌方左手，致使敌方左手脱把。（图8-54）

图8-53

图8-54

（3）动作不停，我方棍头前挑，戳击敌方喉部廉泉穴。（图8-55）

图8-55

二十四、穿心拦把点乳根

【用法】

（1）敌方进身，用左手使棍头刺向我方胸部。我方后收左步，蹲成左丁步势之际，用左手握棍身上挑敌棍前段下侧，化解其劲。（图8-56）

图8-56

（2）动作不停，我方左脚急进一步，右膝下沉，两手滑把转棍，用右手使棍头戳击敌方左胸乳根穴。（图8-57）

图8-57